Ex dono Authoris

X
Double.

NOVVELLE GRAMMAIRE ESPAGNOLLE ET FRANÇOISE.

Reduitte à dix Chapitres, qui contiennent sommairement & fort exactement, auec vne methode admirable, tout ce qui peut estre necessaire pour apprendre facilement & promptement la Langue.

Auec les Dialogues familiers de *I. DE LVNA*, traduits d'Espagnol en François par l'Autheur.

A PARIS,

Chez LOVIS CHAMHOVDRY, au Palais, vis à vis la Sainte Chappelle, à l'Image S.Louis.

M. DC. LX.

LE LIBRAIRE
AVX AMATEVRS DE
la Langue Espagnolle.

IE vous presente vne *Nouuelle Grammaire Espagnolle*, composée dans vn ordre admirable, & auec vne exactitude si grande, qu'il n'y a rien de manque ny de superflu. Il n'y a personne tant soit peu éclairée, qui ne puisse par le secours qu'il en tirera auec vn Dictionnaire, paruenir à la parfaite intelligence de la Langue; & dans les difficultez qu'on y pourroit rencontrer, vous vous en deuez promettre l'éclaircissement de la bonté & de la ciuilité de l'Autheur, digne d'estre connû de vous.

LE LIBRAIRE

DES AMATEURS DE

En Langue Française

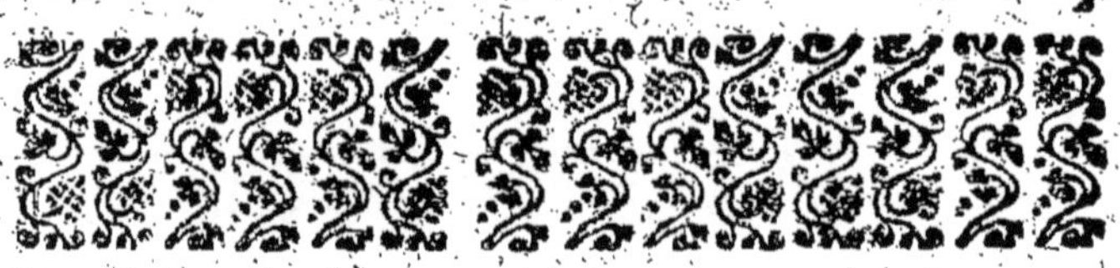

NOVVELLE GRAMMAIRE ESPAGNOLLE ET FRANÇOISE.

REDVITE A DIX CHAPITRES.

1. De la Prononciation. 2. Des Articles. 3. Des Degrez de Comparaison. 4. Des Pronoms. 5. Des Verbes & des Conjugaisons. 6. Des Aduerbes. 7. Des Prepositions. 8. Des Conjonctions. 9. Des Interjections. 10. De l'Accent.

CHAPITRE I.

De la Prononciation.

LES Espagnols se seruent ordinairement de vingt & six Lettres, lesquelles ils prononcent ainsi : *a. bè. cé. ç. con cedilla*, qui se

A

pronôce de mefme qu'en Franꞔois : *dé. é.* qui
fe prononce toufiours comme l'é mafculin &
accentué des Franꞔois : *fé. fché. atché,* qui ne
s'afpire point qu'en ces deux mots, *hombre,*
homme, & *hembra,* femme ; *i, fchota,* qui eft
noftre j confonante : *elé, ll,* qui fe prononce
côme nos deux *ll,* en ces mots Franꞔois *quille,*
fille, emè, ené, ñ, con tilde, qui fe pronôce comme *gnè,* en ce mot Franꞔois *accompagné,* &
vaut autant que noftre *gn, o, pè, cou, erè,* qui
fe prononce fort rudement de mefme que fi
elle eftoit double : *efè,* qui fe prononce auffi
fort rudement, comme fi elle eftoit double;
ce qui fait que les Efpagnols efcriuent indiferemment vne mefme diction, tantoft par
vne, & tantoft par deux *f,* comme *paffo & *
pafo, vn pas : *peffar & pefar,* pefer : *te,* qui
ne prend iamais la nature du *c,* deuant *i,* mais
il conferue toufiours fa mefme prononciation
& fonne toufiours de mefme qu'en ce mot
Franꞔois tyran, *ou, equis* ou *ecqs, ygriega, zè,*
ou *cé.*

Les Efpagnols ne fe feruent point de *K,* ny
d'w double comme font les Allemands ; mais
ils confondent reciproquement le *b,* auec l'*u,*
confonante, & difent indiferemment *fabio,*
& *fauio,* fage : *fauana,* & *fabana,* vn drap
de lit.

Ils fe feruent encore reciproquement du

ç, pour le z, comme en ce mot *baço*, *pan
baço*, pain bis, on le trouue écrit *vazo*, met-
tant l'*v*, pour le *b*, & le *z*, pour le *ç*, de
mesme on trouue *baçer* pour *bazer*, faire;
liença pour *lienzo*, linge; mais ils ne redou-
blent point de consonante que le *c*, l'*s*, l'*r*, &
l'*s*, comme en ces mots *occasio*, occasion:
officio, office: *guerra*, guerre: *dessear*, desirer,
& quelquefois l'*m*, deuant laquelle ils mettent le plus souuent vne *n*, comme *enmendar*,
au lieu de *emmendar*, amender.

Toutes les autres difficultez qui se peuuent rencontrer dans la prononciation de la
Langue Espagnole, consistent en ces sillabes,
Ge, *gi*, *ja*, *jo*, *ju*, (car l'*j* consonante que les
Espagnols appellent *schota*, se met rarement
deuant *e*, & iamais il ne se met deuant *i*,)
xa, *xe*, *xi*, & *cha*, *che*, *che*, *chi*, & *gue*, *gui*,
& *que*, *qui* : En ces lettres *gn*, *ll* double, au
changement de la lettre *s*, en *r*, en la prepo-
sition *des* : en la prononciation de quelques
dictions qui perdent la derniere lettre, voire
la derniere sillabe deuant le nom, & en l'v-
sage de *Vestra Merçed*, dont les Remarques
suiuantes donneront l'éclaircissement tout
entier.

I.

Il y a vn si grand rapport dans la prononciation de ces fillabes *ge, gi, ja, jo, ju, xa, xe, xi, xo*, qu'elles fe prononcent toutes de la mefme façon en parlant du gozier, & mefme on trouue plufieurs mots efcrits indifferemment par ces trois lettres, comme *trabajo & trauaxo*, trauail: *embaxador & embajador*, ambaffadeur: *tixeras & tigeras & tyeras*, des cizeaux: *dexar & dejar*, laiffer; mais quand l'*x* dans vne diction precede vne confonante, elle retient fa prononciation naturelle, qui eft fort douce, & mefme la trouue-t'on par fois changée en *ſ*; car on trouuera efcrit *efcepto & ecepto*, pour *excepto*, excepté: *efpreſſo* pour *expreſſo*, exprés: pour le *g*, deuant *a*, *o*, & *u*, il fe prononce de la mefme façon qu'és autres Langues.

II.

Les Efpagnols prononcent *ch*, prefque de mefme comme les François, à la referue qu'ils le font fonner, comme s'il y auoit vn *t*, deuant, comme *mucho*, fe lit *mutcho*: il eft vray qu'il y a quelques dictions où le *ch*, fe lit de mefme que *qu*. ou que *c*; comme *machina*, machine, qui fe doit prononcer *maquina*: *annichilar*, aneantir, qu'on doit lire *anniquilar*: *charitad*, charité dites *caridad*. La mefme remarque fe doit faire pour les noms eftrangers, comme *Chariclea*, &c.

III.

On prononce en Espagnol *gue* & *gui*, *que* & *qui*, de mesme qu'en François, sans faire sonner l'*u*. Les dictions suiuantes en sont exceptées *eloquente*, éloquent ; & les dériuez, *frequentar*, frequenter, & les autres qui en décendent : *aguelo*, ayeul : *antiguedad*, antiquité : *vnguento*, vnguent : *ciguena*, cigoigne : *aguero*, augure : *guero*, vn œuf couué : *verguença*, vergogne : *guarguero*, le gozier : *halangueño*, flateur : *pedigueño*, folastre : *piguela*, piege : *regueldo*, vn rot : *cinquanta*, cinquante.

Il y a quelques dictions qui s'écriuent par *qua*, ou l'*u*, ne se prononce pas, comme *quasi*, presque & *qualidad*, qualité ; aussi les écrit-on ordinairement *casi* & *calidad*.

IV.

Gn, en Espagnol ne se doit pas prononcer comme en François, pour ne le confondre pas auec l'*ñ* des Espagnols ; mais il faut lire les mots où *gn* se trouue, comme si le *g* estoit séparé de l'*n*, si bien que vous lirez *dig-no*, au lieu de *digno*, & mesme les Espagnols dans cette rencontre suppriment souuent le

g, & escriuent *dino*, au lieu de *digno* : *sinificar*,
au lieu de *significar*.

V.

Nous auons desia dit comment il faut prononcer *ll* double, si bien qu'il n'y a à remarquer sur ce sujet, sinon que les dictions suiuantes, qui sont plustost Latines ou Italiennes
qu'Espagnoles, en sont exceptées, comme
Camillo, *excellente*, *illustre*, *Isabella*, *Tullio*,
sibilla, où *ll* double se prononce de mesme
qu'en Latin ou en Italien, ou bien comme
nous la prononçons en ce mot *tranquille*, &
mesme il y a plusieurs bons Autheurs qui les
écriuent par vne *l* simple.

VI.

Le changement d'*s*, en *r*, en la proposition
des, qui en composition signifie la priuation
de quelque chose, comme *desaprouechado*,
inutile : *deshecho*, desfait, se perd & se change deuant *r*, si bien que ledit *r*, se redouble,
comme en *derramar*, & non pas *desramar*,
répandre : *derretir*, & non pas *desretir*, fondre : *derrocar*, & non pas *desrocar*, précipiter.
Sur quoy il faut remarquer que souuent l'*s*,
qui est deuant *r*, soit en vne seule diction,

soit deuant vne autre qui suit, souffre le mesme changement dans la prononciation, mais non pas dans l'écriture, comme on peut remarquer dans ces mots *Israël, los Reyes, los rebeldes, las rameras, las rayzes, tres reales,* qui se doiuent prononcer, *Irraël, lorreyes, lorrebeldes, larramaras, larrayzes, trerrealer.*

VII.

Il se trouue quelques dictions en la Langue Espagnole, qui quittent la derniere lettre, & par fois la derniere sillabe deuant le nom; comme *vno,* vn: *alguno,* quelqu'vn: *ninguno,* personne: *bueno,* bon: *malo,* mauuais: *ciento,* cent; de mesme *grande,* perd sa derniere sillabe deuant le nom qui commence par vne consonante, comme *granmuger,* vne grande femme: *santo,* fait le mesme deuant le nom propre, comme *san Francisco,* S. François. Pour *tanto & quanto,* sont aussi abregez de leur derniere sillabe, deuant l'adjectif & l'aduerbe, & par fois deuant le substantif, comme, *Tan grande, tan buen, tan solamente, tan muger vieia era tu madre como yo,* ta mere estoit vne femme aussi vieille que moy. *Quan bien, o quan mal lo haze V. M.* Combien de bien, ou combien de mal luy faites vous? mais quand ils se trouuent deuant ces deux noms comparatifs, *mayor & menor*, ou deuant ces deux aduerbes, *mas & menos*, qui font auſſi comparatifs, ils ſe prononcent tout au long, comme *Quanto mayor es la Fortuna, tanto menos es ſegura*, d'autant plus la Fortune eſt grande, tant moins eſt elle aſſeurée; & tout au contraire, *tanto menor es la Fortuna, tanto mas es ſegura*, d'autant plus que la Fortune eſt moindre, d'autant plus eſt elle aſſeurée.

VIII.

Les Eſpagnols ſe ſeruent ordinairement de ces mots *Veſtra Merced*, quand ils parlent à des perſonnes de condition; mais ils les prononcent diuerſement, les vns les prononcent tout entierement, *Vueſtra Merced*, les autres diſent *Vueſa* ou *Vueça Merced*, & communement *Vueſaſte*, ou *Voſaſted*, comme ſi ce n'eſtoit qu'vn ſeul mot, en l'écriuant on ne ſe ſert que de ces deux lettres *V. M.* Mais pource que telle façon de parler n'eſt employée legitimement qu'enuers les perſonnes de qualité, les Eſpagnols ſe ſeruent parlant aux gens du commun de la troiſiéme perſonne du verbe, pour la deuxiéme, à laquelle ils ioignẽt les articles *el*, & *les*, comme *ſi el quiere hazerlo*, ſi vous le voulez faire : *y el que ha dicho*, & vous qu'auez vous dit ? *Que le digo ?* Que

vous

vous dis-je? *Que le dixo?* Que vous a-t'il dit?
Car les Espagnols tiennent *vos* pour vn terme
encore plus raualé que le *tu* des François, &
ils ont accoustumé d'accorder *V. M.* auec le
genre de la personne à laquelle ils parlent ou
écriuent, comme *V. M. sea bien venido,* à vn
homme; & *V. M. sea bien venida,* à vne femme. Voila à peu pres toutes les Remarques
necessaires qui se peuuent faire sur la prononciation de la Langue Espagnole.

CHAPITRE II.

Des Articles & des Declinaisons.

LEs Espagnols se seruent de deux Articles
pour faire les Declinaisons, de mesme
que les François & les Italiens font le plus
souuent: à sçauoir du finy & du commun, ou
de l'infiny, dont le premier en comprend
trois, le Masculin, le Feminin, & le Neutre.
En voicy les Declinaisons.

Article Finy & premiere Declinaison.

Masculin.

Singulier.	Plurier.
Nom. *el*, le.	*los*, les.
Gen. *del*, du.	*de los*, des.
Dat. *al*, au.	*à los*, aux.
Accu. *el*, *al*, le.	*los*, *alos*, les.

L'Ablatif est touſiours ſemblable au Genitif.

Feminin.

Singulier.	Plurier.
Nom. *la*, la.	*las*, les.
Gen. *de la*, de la.	*de las*, des.
Dat. *a la*, à la.	*à las*, aux.
Accu. *la*, *à la*, la.	*las*, *alas*, les.

Neutre.

Singulier.	Plurier.
Nom. Accu. *lo*, le.	*los*, les.
Gen. *delo*, du.	*de los*, des.
Dat. *à lo*, au.	*à los*, aux.

Article Infiny & seconde Declinaison.

Nom. ⎱
Accu. ⎰ il n'en a point.
Gen. *de*, de.
Dat. *à*, à, a des.

Remarques sur l'vsage des Articles.

I.

Les noms feminins qui commencent par *a*, prennent elegamment au singulier l'article masculin, comme *el agua*, l'eau : *el alma*, l'ame : On dit pourtant *la antiguedad*, pour *el antiguedad*, & beaucoup d'autres qu'on peut remarquer par la lecture.

II.

L'accusatif imité du datif est tousiours gouuerné par le verbe, & se dit d'ordinaire de la personne, comme *He visto al Rey y a la Reyna*, i'ay veu le Roy & la Reyne.

III.

L'on se sert de l'article neutre *lo*, pour les

adjectifs substantifiez, que les François ont
accoustumé de resoudre par *chose*, ou *ce qui est*,
comme *lo blanco*, le blanc : *lo mio*, le mien,
lo importante, l'important : *lo dicho*, ce qui est
dit : *lo mucho*, le trop : *lo poco*, le peu.

IV.

Où les François se seruent de *de*, *du*, *de la*,
des, en qualité de nominatif ou d'accusatif de
l'article commun & indefiny, les Espagnols
mettent le nom seul, comme *No ay vino*, il
n'y a point de vin : *Beuo vino con agua*, ie boy
du vin auec de l'eau.
   Mais parlant de la personne auec le verbe
on se sert du datif pour l'accusatif, comme
llamad à Pedro, appellez Pierre.

Remarques sur la formation du Plurier, & sur le genre des Noms.

I.

   Generalement parlant tous les noms Espagnols qui se terminent par vne voyele au
singulier, forment leur plurier, en y adjoustant
vne *s*, comme *la mesa*, la table, *las mesas* :
el padre, le pere, *los padres* : *vn marauedi*, vn

double, *dos marauedis* : *el cauallo*, le cheual, *los cauallos* : *el efpiritù*, l'efprit, *los efpiritus*.

II.

Les noms en Efpagnol qui fe terminent au fingulier par vne de ces confonantes *y*, *d*, *l*, *n*, *r*, *f*, *x*, *z*, (car il ne s'en trouuue point d'autres) forment leur plurier y adjouftant *es*, comme *el Rey*, le Roy, *los Reyes* : *la ciudad*, la Ville, *las ciudades* : *la feñal*, la marque, *las feñales* : *el pan*, le pain, *los panes* : *el lugar*, le lieu, *los lugares* : *el mes*, le mois, *los mefes* : *el relox*, l'horloge, *los reloxes* : *el juez*, le jeuge, *los juezes*.

Le genre des noms fe doit connoiftre par l'vfage & par l'article qui les deuance, car il feroit difficile d'en donner des regles bien affeurées pour toutes les terminaifons : En voicy pourtant quelques-vnes des plus neceffaires. Les Noms terminez

En {
A. Sont ordinairement feminins, hormis *dia*, le iour : *planeta*, planete : *poëma*, poëme : *problema*, probleme : *idioma*, idiome : *clima*, climat : *profeta*, prophete : *poëta*, poëte.

E, qui ne font ny Latins ny François, font ordinairement mafculins, comme *el azeyte*, de l'huile.

En { O. font generalement tous masculins, hormis *mano*, la main : *nao*, nauire.

V. font generalement tous masculins, comme *espiritu*, l'esprit.

Or. font generalement tous masculins, hormis *primor*, primauté : *flor*, fleur : *color*, couleur, & *calor*, chaleur, font douteux.

X. font tous generalement masculins, comme *relox*, horloge.

Le reste se doit connoistre du François dont le rapport se trouuera assez exacte & assez fidelle, hormis en ceux qui suiuent, *el valle*, la vallée : *el dote*, la dot : *la puente*, le pont : *la sangre*, le sang : *la leche*, le lait : *la frente*, le front : *la postre*, le dessert : *la corriente*, le courant : *la creciente*, le croissant : *la lid*, le procez : *la salud*, le salut : *la grey*, le houyeau : *la sal*, le sel : *la fanal*, le fanal : *la canal*, le canal : *la miel*, le miel : *la hiel*, le fiel : *el mar*, ou *la mar*, la mer : *la nariz*, le nez.

CHAPITRE III.

Des Degrez de Comparaison.

LE comparatif se fait tout ainsi qu'en François, adjoustant plus au positif, & le superlatif en y adjoustant *tres*, ou bien en changeant la derniere voyelle du positif en *issimo*,
comme *hermoso* beau : *mas hermoso*, plus beau,
muy hermoso, ou *hermosissimo*, tres beau.

Exceptez.

Mejor, meilleur : *peor*, pire : *mayor*, plus
grand : *menor*, moindre, qui ne suiuent pas
la regle du general des comparatifs.

Et les suiuans, *rico*, riche, qui change *co*,
en *qui*, au superlatif, faisant *riquissimo* : *largo*,
long, qui change *go*, en *gui*, faisant *larguissi-
mo*, & *nueuo*, nouueau, qui change *u*, en *o*,
nouissimo.

Les noms adjectifs feminins suiuent la mesme regle que les masculins, comme *hermosa*,
belle, *hermosissima*, tres-belle ; & les substan-
tifs qui se peuuent dire de la femme, prennent
a pour le feminin, comme *çagal*, berger, ça-

gala, bergere : *huesped*, hoste, *huespeda*, hô-
stesse. Pour ceux qu'on appelle communs,
qui conuiennent indiferemment à l'homme
& à la femme, ils ne changent point; mais ils
demeurent dans leur terminaison naturelle,
comme *dulce*, doux & douce : *cruel*, cruel &
cruelle : *commun*, commun & commune : *sin-
gular*, singulier & singuliere : *cortes*, courtois
& courtoise : *capax*, capable.

CHAPITRE IV.

Des Pronoms.

LEs Espagnols ont cinq sortes de Pronoms,
comme les François & les Italiens : à
sçauoir personnels, possessifs, demonstratifs, interrogatifs & relatifs. Ce mot de Pronom, signifie vne diction qui se met au lieu
du nom.

Personnels.

Qui marquent l'vne des trois personnes.

Singulier.	Plurier.
yo, ie, moy.	*nos*, *nosotros*, nous.
tu, tu, toy.	*vos*, *vosotros*, vous.
el, il, luy.	*ellos*, ils, eux.

Ces

Ces Pronoms sont articles des nominatifs
des verbes, comme *yo amo, tu amas, el ama.*
Ils ont aussi leur feminin; car on dit *nosotras,
vosotras, ella, ellas.*

Singulier.	Plurier.
mi, moy.	*nos. nosotros & nosotras,* nous.
ti, toy.	*vos, vosotros & vosotras,* vous.
si, soy, luy, elle.	*si,* soy, eux, elles.
el, luy.	*ellos,* eux.
ella, elle.	*ellas,* assez.

Ces Pronoms se mettent auec les articles *de,
a,* & auec les prepositions d'accusatif.

Singulier.		Plurier.	
me, me, moy,		*nos,* nous.	
te, te, toy.	*Dat.*	*os,* vous.	*Dat.*
se, se, on.	*Acc.*	*se,* se, on.	*Acc.*
le, luy. masc.			
le, la luy. fem.	*Dat.*	*les,* leur.	*Dat.*
le, le.		*les*	
la, la.	*Acc.*	*las* *les*	*Acc.*
lo, le.		*los*	

se le, le luy.	}	*Dat.*	*se le*, la leur.	}	*Dat.* de
se les, les luy.	}	de la	*se les*, les leur	}	la per-
se la, la luy.	}	persóne.	*se la*, la leur.	}	sonne.
se las, les luy.	}	*Acc.*	*se las*, les leur	}	*Acc.* de
se lo, le luy.	}	de la	*se lo*, la leur.	}	la cho-
se los, les luy.	}	chose.	*se los*, les leur	}	se.

Ces Pronoms font gouuernez par le verbe, & lors qu'ils font mis apres ils s'attachent au verbe comme *leuanto me*, ie me leue : mais il faut retrancher *s*, de la premiere perfonne du plurier auec *nos*, comme *leuanta monos*, nous nous leuons : on retranche encore *d*, de la feconde perfonne du plurier de l'imperatif auec *os*, comme *leuantaos*, leuez vous. L'infinitif & le gerondif du verbe fe mettent deuant *le*, *la*, *lo*, *les*, *las*, *los*, changeant fi l'on veut l'*r*, de l'infinitif, en *l*, comme *llamalle*, pour *llamarle*, l'appeller : pour *lo*, il eft relatif à l'attribut precedent.

Les Efpagnols vfent de *fe*, quand ils veulent dire, *vous*, ou *à vous* ; *luy*, ou *à luy* : *yo fe lo diré*, ie vous le diray, ou ie luy diray : *yo fe lo daré*, ie vous le donneray, ou ie luy donneray : *yo fe lo embearé*, ie vous l'enuoyeray, ou ie le luy enuoyeray,

Poſſeſſifs, qui marquent la poſſeſſion de quelque choſe.

Singulier.	Plurier.
mi, mon, ma.	*mis*, mes.
tu, ton, ta.	*tus*, tes.
ſu, ſon, ſa leur.	*ſus*, ſes, leurs.

Ces pronoms ſe mettent touſiours deuant le nom, comme *mi Cauallo*, mon Cheual.

Singulier.	Plurier.
mio, mien, à moy.	*nueſtro*, noſtre, à nous.
tuyo, tien, à toy.	*vueſtro*, voſtre, à vous.
ſuyo, ſien, & pour le plurier, leur.	

Ces pronoms ſe mettent touſiours apres le nom, comme *ſeñora mia*, Madame : *por honra tua*, pour ton honneur. Ils ont tous leur feminin : *mia, tuya, ſuya, nüeſtra, vueſtra*, de meſme que *ageno*, qui a au feminin *agena*, d'autruy à autruy.

Remarquez que les Eſpagnols mettent touſiours le poſſeſſeur au genitif, comme *eſta caſa el del Rey*, cette maiſon eſt au Roy.

Demonstratifs, qui démonstrent vne chose presente ou éloignée.

Il y a dans l'Espagnol trois genres des pronoms demonstratifs : à sçauoir le masculin, le feminin & le neutre, qui se declinent comme il s'ensuit.

Masculin.

Singulier.	Plurier.
Nom. *el*, celuy.	*los*, ceux.
Gen. *del*, de celuy.	*de los*, de ceux.
Dat. *al*, à celuy.	*à los*, à ceux.
Acc. *el* & *al*, celuy.	*los* & *alos*, ceux.

L'ablatif est semblable au genitif.

Feminin.

Singulier.	Plurier.
Nom. *la*, celle.	*las*, celles.
Gen. *de la*, de celle.	*de las*, de celles.
Dat. *à la*, à celle.	*à las*, à celles.
Acc. *la* & *à la*, celle.	*las* & *à las*, celles.

Neutre.

Singulier.

Nom. *lo*, ce.
Gen. *de lo*, de ce.
Dat. *à lo*, à ce.
Acc. *lo*, ce.

Celuy-cy n'a point de plurier, non plus que tous les autres neutres; on dit *lo que* ce qui, ce que.

Les suiuans sont encore du nombre des pronoms demonstratifs, qui ont de mesme que les precedens les trois genres, & qui se declinent auec l'article indefiny *de*, comme les autres.

<table>
<thead>
<tr><th>Singulier.</th><th>Plurier.</th></tr>
</thead>
<tbody>
<tr><td>*aquel*, celuy-là, ce.</td><td>*aquellos*, ceux-là, ces.</td></tr>
<tr><td>*aquella*, celle-là, cette.</td><td>*aquellas*, celles-là, ces.</td></tr>
<tr><td>*aquello*, cela.</td><td></td></tr>
<tr><td>*esse, aquesse*, celuylà, ce</td><td>*essos, aquessos*, ceuxlà ces</td></tr>
<tr><td>*essa, aquessa*, cellelà, cette</td><td>*essas, aquessas* celleslà ces</td></tr>
<tr><td>*esso, aquesso*, cela.</td><td></td></tr>
<tr><td>*este, aqueste*, celuy-cy, ce</td><td>*estos, aquestos*, ceuxlà ces</td></tr>
<tr><td>*esta, aquesta* cellecy cette</td><td>*estas, aquestas* celles cy ces</td></tr>
<tr><td>*esto, aqueste*, cecy.</td><td></td></tr>
</tbody>
</table>

Où vous remarquerez que ces pronoms *aquel, esse* & *aquesse* auec leurs feminins & neutres, se disent d'vne chose éloignée & *este* & *aqueste*, se disent d'vne chose presente.

Ceux qui suiuent, que l'on conte parmy les demonstratifs, peuuent passer pour irreguliers, c'est pourquoy ie les ay separez des autres.

Mismo, & *mesmo*, mesme, qui se joint aux personnels: *yo, tu, el, si*, comme *yomismo, tu mismo*, &c. & se decline auec l'article indefiny *de*.

Vno, vn : *vnos*, quelques-vns, certains.
Alguno, aucun, quelque, quelqu'vn.
Cadauno, chacun, vn chacun.
Ninguno, nul, aucun, pas vn, personne.
Fulano, vn tel.
Fulano, y çutano, vn tel & vn tel.
Todo, tout.
Otro, autre, vn autre.
Sendos, chacun vn : *seddas*, chacun vne.
Cada, chaque, tout, toute.
Cada qual, chacun, vn chacun, quiconque.
Tal, tel & telle.
Qual, quel & quelle.
Qualquiera, quiconque.
Nadie, personne, *Nada*, rien.
Algo, quelque chose, aucunement, en
     quelque façon.
Ello, cela.
Ambos & ambas, les deux, *entrambos* & en-
     trambas, tous les deux.

RELATIFS & INTERROGATIFS

Qui se rapportent à vne chose
precedente, & seruent à demander la chose par forme
d'interrogation.

Les Espagnols admettent trois pronoms

relatifs : sçauoir *que, quyen & cuyo*, qui selon les diuerses rencontres sont aussi interrogatifs, dont les exemples suiuans feront comprendre l'vsage.

Que, qui, que, Relatif, *el hombre que yo digo, es el que estaua cerca de mi*, l'homme que ie dis, est celuy qui estoit aupres de moy.

Quien, qui, celuy qui, personne qui, relatif : *no ay quien lo haga*, il n'y a personne qui le fasse.

Cuyo, cuyos, cuya, cuyas, de qui, dont, relatif : *Seneca cuyas obras*, Seneque dont les Oeuures, il conuient auec le nom de la chose à laquelle il se rapporte. Il y a encore *loqual*, ce qui, ce que, laquelle chose : *de loqual*, de quoy : *à loqual*, à quoy, qui est relatif neutre.

Que, qui, que, quoy, interrogatif : *Que es esso*? qu'est-ce là? *de que habla V. M.* de quoy parlez-vous?

Quien, qui, interrogatif : *Quien dize esto*? qui dit cecy?

Cuyo, à qui, interrogatif, *cuya es esta casa*? à qui est cette maison? il conuient auec le nom de la chose possedée.

Voila à peu pres tout ce qui se peut dire des pronoms ; s'il se trouue quelqu'autre maniere de s'en seruir, ou elle n'est guere en vsage dans la Langue, ou bien elle est facile à remarquer par la lecture.

CHAPITRE V.

Des Verbes & Conjugaisons.

LEs Espagnols ont tout de mesme que les François des verbes auxiliaires, des verbes actifs, passifs, reciproques, impersonels, & anomaux, desquels nous traitterons par ordre; mais ils n'ont que trois conjugaisons, dont la premiere a l'infinitif en *ar*, comme *amar*, aimer: la seconde en *er*, comme *comer*, manger; & la troisiéme en *ir*, comme *subir*, monter.

Des Verbes Auxiliaires.

Auer, auoir : *tener*, tenir, auoir : *ser*, estre *estar*, estre, demeurer, se porter; surquoy il faut soigneusement remarquer, que le verbe *auer*, est auxiliaire des actifs, tant transitifs qu'infinitifs, comme *yo auia amado*, i'auois aimé: *yo auia comido*, i'auois mangé,

Le verbe *tener*, est auxiliaire des actifs possessifs, comme *yo tengo dicho arriba*, au lieu de *yo he dicho arriba*, i'ay dit cy-dessus.

Le verbe *ser*, est auxiliaire des passifs, & il
marque

marque l'essence, la quantité & la qualité, comme *yo soy amado*, ie suis aimé : *tu eres bueno*, vous estes bon : *el es grande*, il est grand.

Le verbe *estar*, signifie l'estat d'vne chose, & il declare les accidens qui en sont separarables dans l'instant, comme sont les passions & affections de l'ame, exemple, *el está en Paris*, il est, il demeure à Paris : *el está ayrado*, il est couroucé; il signifie encore se porter, comme *como está V. M.* comment vous portez vous? *Estoy bueno malo*, ie me porte bien mal; on dit encore *bueno estoy*, ie me porte bien : *malo estoy*, ie me porte mal : *no esto muy bueno*, ie ne me porte pas bien.

En voicy les conjugaisons, où i'obmets à dessein de marquer les personnes, & les nombres, parce qu'ils se connoissent facilement d'eux-mesmes, me contentant de mettre seulement les modes & les temps, comme des choses tout à fait necessaires, & de marquer en François la premiere personne, pour que l'on puisse remarquer la variation & l'vsage des susdits modes, & des susdits temps.

Verbes auxiliaires.

Auer, tener, auoir : *ser, estar*, estre.

D

1. Indicatif present.

He, has, ha, auemos, hemos, aueys,
heys, han.

Tengo, tienes, tiene, tenemos, teñeys,
tienen.

} i'ay, &c.

Soy, eres, es, fomos, foys, fon.
Eftoy, eftas, efta, eftamos, eftays, eftan.

} ie fuis, &c.

2. Imparfait.

auia.
tenia.
era.
eftaua.

} as. a. mos. des. an.

} i'auois.

} i'eftois.

3. Parfait.

Vue, vuifte, vuo, vuimos, vuiftes,
vuieron.

Tuue, tuuifte, tuuo, tuuimos, tuuif-
tes, tuuieron.

} i'eus, &c.

Fui, fuifte, fue, fuimos, fuiftes,
fueron

Eftuue, eftuuifte, eftuuo, eftunimos,
eftuuiftes, eftuuieron.

} ie fus, &c.

4. Futur.

auré.
tendré,
seré.
estaré. } as. a. mos. ys. an.

} i'auray, &c.

} ie seray, &c.

Tout le monde sçait que le parfait composé se fait du present & du participe passé, de mesme que le plusque parfait se compose de l'imparfait & du participe susdit, comme *yo he auido, tenido,* i'ay eu : *yo auia auido, tenido,* i'auois eu ; *yo he sido, estado,* i'ay esté : *yo auia sido, estado,* i'auois esté.

5. Imperatif.

Pour commander & pour defendre.

Ayas tu, aya el, ayamos nosotros, aued vosotros, ayan ellos.
Ten, tenga, tangamos, tened, tangen.

} aye,
qu'il ait
ayons,
ayez,
qu'ils
ayent.

Sée, fea, feamos, fed, fean.   ⎱ fois,
Efta, efte, eftemos, eftad, eften.   ⎰ qu'il
    ⎰ foit, &c

On fe fert dans ce mode de la negation *no,* pour defendre, comme *no ayas, no ayays, no tengas, no tengais,* n'aye point, n'ayez point: *no feas, no feays, no eftes, no efteys,* ne fois, ne foyez point, qui fe forment de la troifiéme perfonne du fingulier, en y adjouftant *s* pour le fingulier, & *ys* pour le plurier.

Optatif & Conjonctif.

6. Prefent & Futur.

oxala, ou *plega à Diòs que,* Dieu veuïlle que: *aunqué,* encore que: *como,* pourueu que: *paraquè, porqué,* afin que

Ayd, as. a. mos. ys. an.   ⎱ i'aye, &c.
Tenga, as. a. mos. ys. an.   ⎰
Sea, as. a. mos. ys. an.   ⎰ ie fois, &c.
Efte. es. e. mes. ys. en.   ⎰

7. Imparfait.

oxala, ou *pluguiera à Diòs que,* pleuft à Dieu bue.

$$\left.\begin{array}{l}\textit{vuieſſe \& iera,}\\\textit{tuuiſſe \& iera,}\\\textit{fueſſe \& era,}\\\textit{eſtuuieſſe \& iera,}\end{array}\right\}\ es.\ e.\ mos.\ des.\ en.\ \left\{\begin{array}{l}\text{i'euſſe,}\\\text{\&c.}\\\text{iefuſſe,}\\\text{\&c.}\end{array}\right.$$

On ſe ſert encore en ce temps de ces façons de parler, *ſi vuiſſe, vuiera*, ſi i'auois : *quando vuiſſe, vuiera*, quand i'aurois, & ainſi des au-tres.

8. Temps indefiny.

$$\left.\begin{array}{l}\textit{auria,}\\\textit{tendria,}\\\textit{ſeria,}\\\textit{eſtaria,}\end{array}\right\}\ as.\ a.\ mos.\ des.\ an.\ \left\{\begin{array}{l}\text{i'aurois, \&c.}\\\ \\\text{ie ſerois, \&c.}\end{array}\right.$$

9. Pluſque parfait ſimple.

$$\left.\begin{array}{l}\textit{vuiera,}\\\textit{tuuiera,}\\\textit{fuera,}\\\textit{eſtuuiera,}\end{array}\right\}\ as.\ a.\ mos.\ des.\ an.\ \left\{\begin{array}{l}\text{i'euſſe}\\\quad\&\\\text{i'aurois}\\\text{i'euſſe}\\\quad\&\\\text{i'aurois}\end{array}\right\}\begin{array}{l}\text{eu}\\\ \\\text{eſté}\end{array}$$

10. Futur ſubjonctif.

Quando, quand : *ſi*, ſi.

vuiere,
tuuiere, } es. e. mos. des. en. { *i'auray*
fuere,   { & i'ay.
estuuiere,   { ie seray
                            { & ie suis, &c.

Les temps composez de ce mode se forment à l'imitation de ceux de l'indicatif.

L'infinitif est marqué au commencement.

11. Gerondif.

Auiendo, teniendo, ayant : *fiendo, estando,* estant, on dit, *conauer,* en ayant.

12. Participe present.

Teniente, ayant : *estante,* estant.

13. Participe passé.

Auido, tenido, eu : *sido, estado,* esté.
Auer de amar, tener de amar, deuoir, aimer.

Du verbe *auer,* on forme *ay* impersonnel, comme *no ay hombre, que lo haga,* il n'y a point d'homme qui le fasse : *hà,* se dit du temps, comme *hà vn mes,* il y a vn mois.

Formation des Temps.

Du parfait de l'indicatif *vue,* i'eus, se for-

ment l'imparfait du conjonctif *vuieſſe*, i'euſſe;
le pluſque parfait ſimple *vuiera*, i'euſſe & i'aurois eu; & le futur ſubjonctif *vuiere*, i'auray
& i'ay: de meſme de *tuue*, ſe fait *tuuieſſe*, tu-
uiera & *tuuiere*; de *fuy*, *fueſſe*, *fuera* & *fuere*;
de *eſtuue*, *eſtuuieſſe*, *eſtuuiera*, & *eſtuuiere*.

Du futur de l'indicatif *auré*, i'auray, ſe forme le temps indefiny du conjonctif *auria*, i'aurois: ainſi de *tendré*, ſe fait *tendria*, de *ſerè*,
ſeria, de *eſtare*, *eſtaria*.

Les trois Conjugaiſons.

Amàr, aimer: *comèr*, manger: *ſubir*, monter.

1. L'indicatif preſent.

Amo. as. a. mos. ays. an. i'aime, &c.
como, }
ſubo, } *es. e. mos. eys. en.* } ie mange, &c.
} ie monte, &c.

2. Imparfait.

amaua, }
comia, } *as. a. mos. des. an.* { i'aimois, &c.
ſubia, } { ie mangeois, &c
{ ie montois, &c.

3. Parfait.

Amè, amaste, amò, amamos, ⎱ i'aimay, &c.
   amastes, amaron.
comì, ⎱ *iste. io. mos. istes. ieron.* ⎱ iemãgeay &c
subì, ⎰   ⎰ ie mõtay; &c.

4. Futur.

Amarè, ⎱   ⎧ i'aimeray, &c.
Comère, ⎰ *as. à. mos. eys. an.* ⎨ ie mãgeray, &c
Subirè, ⎰   ⎩ ie mõteray, &c

5. Imperatif.

                                    ⎧ aime,
                                    ⎪ qu'il
Ama, ame, amemos, amad, amen.   ⎪ aime,
Come, coma, comamos, comed, coman. ⎬ aimõs,
Sube, suba, subamos, subid, suban. ⎪ aimez,
                                    ⎪ qu'ils
                                    ⎩ aimét&c

No ames, no ameys, no comas, no comays, no subas,
   no subays

Optatif & Conjonctif.

6. Present & futur.

Oxala, ou *plega, à Dios que*, Dieu veüille que, *aunque*, encore que : *como*, pourueu que , *paraque, porque*, afin que.

Ame. es. e. mos. eys. en. i'aime.

Coma,
Suba, } *as. a. mos. ays. an.* } ie mange,
ie monte.

7. Imparfait.

Oxala, ou *pluguiera à Dios que*, pleuſt à Dieu que.

amàſſe & *ara,*
comiêſſe & *iera,* | *es. e. mos. des. en.* | i'aimaſſe,
ſubiêſſe & *iera,* | ie mangeaſſe,
ie montaſſe,

8. Temps indefiny.

amària,
comeria, } *as. a. mos. des, an.* { i'aimerois,
ſubiria, ie mangerois,
ie monterois,

9. Plusque parfait simple.

amàra,
comiéra,   as. a. mos. des. an,   i'eusse, & i'aurois   aimé, mãgé, mõté,
subiéra,

10. Futur subionctif.

Quando, quand : si, si,
amàre,
comiére,   s. e. mos. des. en   i'aimeray & i'aime.
subié,

L'infinitif est marqué au commencement.

11. Gerondif.

amando,
comiendo,   aimant ou en aimant.
subiendo,

12. Participe present.

amante,
comiente,   aimant, mangeant, montant.
subiente,

On y met par fois l'article *el* deuant, comme *el amante*, l'aimant.

13. Participe paſſé.

amado ⎱ aimé,
comido, ⎰ mangé,
subido, ⎰ monté.

Le feminin ſe forme changeant *o,* en *a,* comme *amado, amada ;* & le plurier y adjouſtant *s,* comme *amado, amados, amada, amadas,* & ainſi des autres.

Des Verbes paſſifs.

Les Eſpagnols n'ont point de propres verbes paſſifs, non plus que les François & Italiens ; mais ils les compoſent auec le verbe auxiliaire *ser,* eſtre, & le participe paſſé des verbes actifs, lequel participe doit changer ſa terminaiſon ſelon le genre & le nombre auec lequel il eſt mis, comme *yo ſoy amado,* ie ſuis aimé, *amada,* aimée : *Noſotros ſomos amados,* Nous ſommes aimez, *amadas,* aimées, & ainſi des autres.

Des Verbes reciproques.

Les verbes reciproques ſe font des verbes actifs, en y adjouſtant l'accuſatif du pronom perſonnel, *me, te, ſe, nos, vos, le,* comme *yo*

me leuanto, ie me leue : *tu te leuantas*, tu te
leues : *el se leuenta* , il se leue : *nosotros nos
leuantamos*, nous nous leuons : *vosotros vos
leuantays*, vous vous leuez : *ellos se leuantan*,
ils se leuent, & ainsi des autres.

Des Verbes impersonnels.

Les verbes impersonnels sont ceux qui
n'ont que la troisiéme personne soit du singulier, soit du plurier, qui s'expriment mesme
sans le pronom personnel, contre l'vsage des
François & des Italiens , qui le mettent tousiours, comme *accontece à muchos*, il arriue à
plusieurs : *accontecio à Iuan*, il arriua à Iean:
muchas cosas accontession no pensadas, il arriue
plusieurs choses sans y penser.

Des Verbes anomaux.

Pour abreger la peine & le temps, ie ne
marqueray que les temps anomaux des verbes de chaque conjugaison : car les autres suiuent la regle des reguliers, & il sera facile de
les former là dessus ; mais pource qu'il y a de
plusieurs sortes d'irregularitez en chaque
conjugaison , ie mettray les temps anomaux
de chaque sorte , & on pourra par là former
sans peine les temps irreguliers des verbes de

la mesme classe sur ceux-là.

Premiere Conjugaison.

Dans cette conjugaison il y a deux irregularitez, l'vne qui interpose *i*, deuant *e*, penultiéme de l'infinitif, & l'autre qui change *o*, penultiéme de l'infinitif en *ue*.

Premiere Irregularité.

La premiere irregularité qui consiste dans l'interposition de *i*, deuant *e*, penultiéme de l'infinitif, se trouue dans tous les verbes qui suiuent, qui interposent le susdit *i*, deuant *e*, aux trois personnes du singulier, & à la troisiéme du plurier du présent de l'indicatif, comme *pensar*, penser, fait *pienso, as, a, an,* ie pense, & ils pensent; aux deux personnes du singulier, & à la troisiéme du plurier de l'imperatif, *piensa, piense, piensen,* pense, qu'il pense, qu'ils pensent; aux trois personnes du singulier, & à la troisiéme du plurier du présent du conjonctif *piense, es, e, en,* ie pense, ils pensent: Les suiuans gardent la mesme irregularité.

Apretar, presser: *amedrentar*, faire peur: *asserrar*, fier: *alentar*, encourager: *apacentar*, paistre: *apparentarse*, s'apparenter: *acrecen-*

tar, accroiſtre : *aſſeſtar*, viſer : *adeſtar*, duire,
dreſſer : *atendar*, dreſſer des tentes : *acertar*,
adreſſer, rencontrer : *alebrarſe*, s'accoüardir.

Concertar, accorder : *calentar*, chauffer:
començar, commencer : *cegar*, aueugler : *ci-
mentar*, cimenter : *confeſſar*, confeſſer : *cerrar*,
fermer.

Deſpernar, couper les jarrets : *deſterrar*, ban-
nir : *deſdentar*, édenter : *deſneruar*, eſneruer:
demembrar, demembrer : *deſperar*, épierrer :
deſmar, dixmer : *derengar*, rompre les reins.

Elar, geler : *errar*, errer : *ermar*, ruiner.

Fregar, froter, eſcurer.

Gouernar, gouuerner.

Herrar, ferrer.

Inuernar, hyuerner.

Mercar, acheter : *manifeſtar*, manifeſter : *me-
rendar*, gouſter.

Neuar, neger : *negar*, nier.

Pimentar, poivrer : *plegar*, ployer.

Quebrar, rompre.

Requebrar, courtiſer Dame : *refregar*, eſcar-
moucher.

Releuar, releuer : *rebentar*, creuer : *recentar*,
reinſer.

Regar, arroſer : *remendar*, raccouſtrer : *reptar*,
accuſer.

Remembrar, ramenteuoir.

Soſſegar, appaiſer : *ſarmentar*, ramaſſer le ſar-
ment.

Sementar, produire semence : *sentarse*, se seoir:
segar, sier, faucher, moissonner : *sembrar*, se-
mer: *sangrentar*. ensanglanter.

Temblar, trembler : *templar*, teinperer, accorder.

Tropeçar, broncher : *tentar*, tenter, taster:
trassegar, frelater : *trauersar*, trauerser.

Ventar, venter.

Seconde Irregularité.

La deuxiéme irregularité, qui consiste dans
le changement de *o* penultiéme de l'infinitif
en *ue*, se trouue dans tous les verbes qui suiuent, qui changent le susdit *o* en *ue*, au mesme temps, ausquels les precedens interposent *i* deuant *e*, comme *contar*, conter -
cuento, as, a, an, ie conte, tu contes, il conte:
ils content : *cuenta, cuente, cuenten,* conte,
qu'il conte, qu'ils content : *cuente, es, e, en,*
ie conte, tu contes, il conte, ils content : les
suiuans gardent la mesme irregularité.

Almorçar, des-ieuner : *amolar*, émoudre : *asso-
lar*, ruiner : *assoldar*, soudoyer : *acostarse*, se
coucher : *apostar*, gager : *agorar*, conjecturer:
acordarse, se souuenir : *auergonçarse*, auoir hon-
te : *atronar*, estourdir.

Bolcar, rebolcar, veautrer : *bolar, volar,* voler.

Concosdar, concorder : *colar*, couler : *choquar,*

choquer : *coſtar*, couſter : *colgar*, pendre : *conſolar*, conſoler.

Deſoſſar, deſoſſer : *deſouar*, ietter ſes œufs : *deſcornar*, eſcorner : *diſcordar*, diſcorder : *degollar*, eſgorger : *derrocar*, abbattre : *desfogar*, ietter ſon feu : *denoſtar*, injurier : *deſſolar*, eſcorcher : *deſolar*, deſoler.

Encontrar, rencontrer.

Forçar, forcer.

Hollar, fouler : *Holgarſe*, ſe réjoüir.

Innouar, innouer.

Moſtrar, monſtrer.

Prouar, prouuer : *poblar*, peupler.

Rogar, prier : *regoldar*, rotter : *reſſollar*, reſolgar, reſpirer : *rodar*, rouler : *recordar*, faire ſouuenir : *recoſtarſe*, s'appuyer : *renouar*, renouueller.

Soldar, ſouder : *ſolar*, ſemeler : *ſoñar*, ſonger : *ſonar*. ſonner : *ſoltar*, deſlier ; qui a *ſuelto* au participe paſſé.

Trocar, changer : *toſtar*, roſtir : *tronar*, tonner : *juegar*, ioüer ; qui a *juego* au participe paſſé.

Andar, aller.

Fait au parfait de l'indicatif, *anduue*, comme *vue*.

Dar, donner.

Fait au present de l'indicatif, *doy*, *das*, & au parfait *di*, comme en la 2. & 3. conjugaison.

Deuxiéme Conjugaison.

Dans cette conjugaison il y a quatre irregularitez, la premiere qui interpose *i* deuant *e* penultiéme de l'infinitif, la deuxiéme qui change *o* penultiéme de l'infinitif en *ue*, comme en la premiere conjugaison; la troisiéme qui change le *g* de *ger* & *gir*, en *i*, deuant *o*, & *a*; la quatriéme qui interpose *z*, ou *s*, deuant *co*, & *ca*, pour les verbes en *cer*.

Premiere Irregularité.

La premiere irregularité qui consiste dans l'interposition de *i* deuant *e* penultiéme de l'infinitif, se trouue dans les verbes qui suiuent, qui interposent le susdit *i* deuant *e* aux mesmes temps que ceux de la premiere irregularité de la premiere conjugaison, sur lesquels on les peut facilement former.

Atender, entendre, s'adonner.

Contender, contester.

Defender, defendre: *decender*, décendre.

F

Encender, alumer : *entender*, entendre : *eſtender*, eſtendre.

Hender, fendre : *heder*, ſentir mauuais.

Perder, perdre.

Querer, vouloir, aimer : *quiſe*, au parfait : querre, au futur : *quiſto* pour *querido* au partici-pe paſſé.

Tender, tendre : *tranſcender*, ſurpaſſer, ex-celler.

Seconde Irregularité.

La deuxiéme irregularité qui conſiſte dans le changement de *o* penultiéme de l'infinitif en *ue*, ſe trouue dans tous les verbes qui ſui-uent, qui changent le ſuſdit *o* en *ue*, aux meſ-mes temps que ceux de la deuxiéme irregula-rité de la premiere conjugaiſon.

Abſoluer, abſoudre. Part. paſſé, *abſouelto*.

Boluer, tourner, retourner. Part. paſſé, *buelto*.

Doler, douloir, faire mal.

Llouer, pleuuoir.

Morder, mordre : *moler*, moudre : *mouer*, mou-uoir.

Oler, flairer, ſentir, *huelo*.

Poder, pouuoir. Parf. *pude* : Fut. *podrè* : Ger. *pudiendo*.

Reſoluer, reſoudre. Part. paſſé, *reſuelto*.

Soler, ſouloir, auoir accouſtumé.

Torcer, tordre.

Cozer, cuire, boüillir.

Outre la fuſdite irregularité de changer la penultiéme de l'infinitif en *ue*, il en a encore d'autres que vous pouuez remarquer.

Indicat. preſ.

Cuezgo, cuezes, cueze, cozemos, cozeys, cuezen.

Imper.

Cueze, cuezga, cozgamos, cozed, cuezgan.

Conjonct. preſ.

Cuezga, cuezgas, cuezga, cozgamos, cozgays, cuezgã.

3. Irregularité.

La troiſiéme irregularité qui conſiſte dans le changement du *g* de *ger,* & de *gir,* en *i*, deuant *o* & *a*, ſe trouue dans les verbes ſui-uans, qui changent le *g* de *ger,* & de *gir,* en *i*, deuant *o* & *a*, à la premiere perſonne du preſent de l'indicatif, comme *eſcoger,* choiſir: *eſcojo,* ie choiſis : A la troiſiéme du ſingulier

& à la premiere & troisiéme du plurier de
l'imperatif *coja, cojamos, cojan*, qu'il choisisse,
choisissons, qu'ils choisissent, & à toutes les
personnes tant du singulier que du plurier du
present du conjonctif *coja, as, a, mos, ays, an*,
ie choisis, tu choisis, il choisit, nous choisissons, &c. de mesme : *fingir*, feindre : *finia,
finia, finiamos, finian, finia, as. a. mos. ys. an.*

4. Irregularité.

La quatriéme irregularité qui consiste dans
l'interposition de *z* ou *s* deuant *co* & *ca*, pour
les verbes en *cer*, se trouue dans les suiuans,
qui interposent *z* ou *s*, deuant *co* & *ca*, aux
mesmes temps que cy-dessus, dans la troisiéme irregularité, comme *merecer*, meriter : *meresco*, ie merite : *meresca, merescamos, merescan*,
qu'il merite, meritons, qu'ils meritent : *meresca, as, a, mos, ys, an*, ie merite, tu merites,
il merite, nous meritons, &c. Les suiuans reçoiuent la mesme irregularité.

Conoscer, connoistre.

Nacer, naistre.

Pacer, paistre.

Ceux qui suiuent ont des irregularitez par-
ticulieres, que vous pouuez remarquer.

Caer, tomber, *caygo, caes*.

Caber, pouuoir, *quepo, cabes* : Parf. *cupe* : Fut.

cabré.

Hazer, faire : *hago, haze :* Parf. *hize :* Fut. *haré :*
   Part. passé, *hecho.*

Poner, poser : *pongo, pones :* Parf. *puse :* Fut.
   pondré.

Prender, prendre : paſ. passé, *prendido & preso.*

Raer, raſer : *raygo, raes.*

Roer, ronger : *roygo, roes.*

Romper, rompre : Part. passé, *rompido & roto.*

Satifazer, ſatisfaire, de meſme que *hazer.*

Suber, ſçauoir : *se & sepo, sabes :* Parf. *supe,*
   Fut. *sabre.*

Traer, apporter : *traygo, traes :* Parf. *truxe, iste,*
   o, imos, istes, eron.

Valer, valoir : *valgo, vales :* Fut. *valdre.*

Ver, ou *veer,* voir : Part. passé, *visto.*

Yacer, eſtre couché : *yago, yaczez.*

Plazer, plaire eſt défectif.

Indic.

Preſ. *plaze & plazen :* Part. *plugo.*

Conjonctif.

Preſ. *plague* ou *plega,* Imparf. *plaguiesse* ou *pla-*
guiera : Pluſque parf. ſi *pluguiera,* Fut. ſi *plu-*
guiere : Ger. *plaziendo :* Part. passé, *plazido.*

Troisiéme Conjugaison.

Dans cette coniugaison il y a cinq irregularitez ; la premiere interpose *i* deuant *e* penultiéme de l'infinitif, comme en la premiere coniugaison, & change de plus ledit *e*, en *i*. la deuxiéme change *o* penultiéme de l'infinitif, en *ue*, comme en la premiere coniugaison, & change de plus ledit *o*, en *u*. La troisiéme change *e* penultiéme de l'infinitif en *i*. La quatriéme reiette *e* qui estoit deuant *yr*. La cinquiéme interpose *g* apres *z*, deuant *o* & *a*: pour les verbes en *vzir*.

1. Irregularité.

La premiere irregularité, qui consiste non seulement dans l'interposition de *i* deuant *e* penultiéme de l'infinitif, comme en la premiere conjugaison; mais aussi de plus dans le changement dudit *e* en *i*, se trouue dans les verbes qui suiuent, qui changent le susdit *e* en *i*, à la troisiéme du plurier du parfait de l'indicatif, comme *consentir*, consentir, fait *consintiò, consintieron*, il consentit, ils consentirent: à la premiere du plurier de l'imperatif, *consintimos*, consentons : à la premiere & deuxiéme du plurier du present du conionctif,

consintimos, consintiays, nous consentons, vous
consentez : aux personnes de l'imparfait, du
plusque parfait, & du futur du mesme conionctif *consintiesse, es, e, mos, des, en,* ie con-
sentisse, &c. *consintiera, as, a, mos, des, an,*
i'eusse consenty, &c. *consintiere, es, e, mos, des,
en,* ie consentiray, & au Gerondif, *consintiendo,*
en consentant : au participe present, *consin-
tiente,* consentant : au participe passé, *consin-
tido,* consenty. Les suiuans souffrent la mesme irregularité.

Aduertir, prendre garde.
Arrepentirse, se repentir.
Cernir, sasser.
Concernir, concerner.
Conuertir, conuertir.
Conferir, conferer.
Discernir, discerner.
Diferir, differer.
Diuertir, détourner.
Enxerir, enter.
Heruir, boüillir.
Herir, blesser, frapper.
Inferir, inferer.
Mentir, mentir.
Proferir, proferer.
Refferir, referer.
Requerir, requerir.
Sentir, sentir, regretter, auoir opinion.

Trasferir, transferer..
Vertir, verser.

2. Irregularité.

La deuxiéme irregularité qui consiste non seulement dans le changement de *o* penultiéme de l'infinitif en *u*, comme en la premiere coniugaison; mais aussi de plus dans le changement dudit *o* en *u* se trouue daus les verbes qui suiuent, qui changent le susdit *o* en *u*, aux mesmes que ceux cy dessus mentionnez dans la premiere irregularité, comme *dormir*, dormir : *durmió, durmieron*, il dormit, ils dormirent : *durmamos, durmays*, nous dormons, vous dormez : *durmiesse, es, e, mos, des, en*, ie dormisse, &c. *durmiera, as, a, mos, des, an*, i'eusse dormy, &c. *durmiere, es, e, mos, des, en*, ie dormiray, &c. *durmiendo*, en dormant: *durmiente*, dormant : *dormido*, endormy.

Morir, Mourir.

Suit la mesme irregularité ; mais il a au participe passé, *muerto*, mort & tué.

3. Irregularité.

La troisiéme irregularité qui consiste au changement

changement de *e* penultiéme de l'infinitif en
i, se trouue dans les verbes qui suiuent, qui
changent ledit *e* en *i*, non seulement aux mesmes temps que ceux de la premiere & seconde irregularité de la presente conjugaison;
mais aussi aux trois personnes du singulier,
& à la troisiéme du plurier du present de l'indicatif, comme *correger*, corriger : *corrigo, es,*
e, en, ie corrige, & ils corrigent : à la premiere & deuxiéme du singulier, & à la troisiéme du plurier de l'imperatif, *corrige, corriga,*
corrigan, corrige, qu'il corrige, qu'ils corrigent : aux trois personnes du singulier, & à
la troisiéme du plurier du conjonctif : *corriga,*
as, a, an, ie corrige, & ils corrigent. Les suiuans admettent la mesme irregularité.

Apercebir, équiper.

Concebir, conceuoir : *conseguir,* obtenir : *costre-*
ñir, contraindre : *competir,* entrer & compe-
tence.

Ceñir, ceindre.

Digerir, digerer : *derretir,* fondre : *despedir,*
congedier : *despedirse,* prendre congé.

Estreñir, estreindre : *embestir,* inuestir : *esequir,*
executer : *espedir,* expedier.

Gemir, gemir.

Henchir, emplir.

Impedir, empescher.

Medir, mesurer.

F,

Pedir, demander.
Recebir, receuoir.
Rendir, rendre.
Renir, quereller.
Regir, gouuerner.
Repetir, reiterer.
Seruir, seruir, plaire.
Seguir, suiure.
Tenir, teindre.
Vestir, vestir.

4. Irregularité.

La quatriéme irregularité qui consiste à rejetter l'*e*, qui est deuant *yr* de l'infinitif, se trouue dans les verbes suiuans qui reiettent le susdit *e* deuant *yr*, aux mesmes temps que ceux de la troisiéme irregularité, comme *freyr*, frire : *frio, es, e, en,* ie fris, ils frient : *frie, fria, frian,* fris, qu'il frie, qu'ils frient : *fria, as, a, an,* ie fris, & ils frient.
Reyr, rire : *rio,* &c.

5. Irregularité.

La cinquiéme irregularité, qui consiste en l'interposition de *g* apres *z*, deuant *o* & *a*, pour les verbes en *zir*, se remarque en ceux qui suiuent, qui interposent le susdit *g* apres *z*

deuant *o* : à la premiere personne du singulier
du present de l'indicatif, comme *luzir*, luire:
lusgo, luzes, &c. ie luis : à la troisiéme du singulier, & à la premiere & troisiéme du plurier de l'imperatif, *lusga, lusgamos, lusgan,* qu'il
luise, luisons, qu'ils luisent; à toutes les personnes tant du singulier, que du plurier du
present du conjonctif, *lusga, as, a, mos, ys, an,*
ie luis, &c.

Outre cela ils font au parfait de l'indicatif,
xe, comme *luxé, luxiste, luxo, lux mos, luchis-
tes, luxeron,* ie luis, &c. Les suiuans admettent la mesme irregularité.

Conduzir, conduire : *conduzgo, conduzes.*

Deduzir, déduire.

Induzir, induire.

Introduzir, introduire.

Produzir, produire.

Reduzir, reduire.

Seduzir, seduire.

Traduzir, traduire

Nuzir, nuire a le parfait susdit regulier.

Azir, saisir, prendre : *ago, azes.*

Oyr, oüir : *oygo, oyes.*

Salir, sortir : *salgo, sales.*

Ceux qui suiuent ont des irregularitez par-
ticulieres, que vous pouuez remarquer, où
les temps sont marquez en chiffres.

Dezir, dire.

1 *Digo, dizes, dize, dezimos, dezis, dizen,* 2. *dezia.*
3. *dixe.* 4. *diré.* 5. *di, diga, digamos, dezid, di-*
gan. 6. *diga.* 7. *dixesse* ou *dixera.* 8. *diria.* 9. *di-*
xera. 10. *dixere.* 11. *diziendo,* 12. *diziente.* 13.
dicho.

Venir, venir.

1. *vengo, vienes, viene, venimos, venis, vienen,*
2. *venia.* 3. *vine, veniste, vino, venimos, venif-*
tes, vinieron. 4. *vendrê.* 5. *ven, venga, venga-*
mos, venid, vengan. 6. *venaga.* 7. *viniesse,* ou
viniera. 8. *vendria.* 9. *viniera.* 10. *viniere.* 11.
viniendo. 12. *viniente.* 13. *venido.*

Yr, aller: Yr se, s'en aller.

1. *Voy, vas, va, vamos, vays, van.* 2. *Yua.* 3.
fuy, fueste, fue, fuymos, fuestes, fueron. 4. *Yré.*
5. *va, vaya, vamos, yd, vayan.* 6. *vaya, vayas,*
vaya, vamos, vays, vayan. 7. *fuesse & fuera.* 8.
yria. 9. *fuera.* 10. *fuere.* 11. *yendo.* 12. *yente.*
13. *ydo.*

CHAPITRE VI.

Des Aduerbes.

L'Aduerbe est vne diction qui se met tousiours aupres du verbe, pour signifier le temps & le lieu, la qualité, la quantité, le nombre, l'ordre, plusieurs autres accidens, dont vous iugerez par la suite.

Du Temps.

Oy, aujourd'huy : *ayer*, hyer : *ante ayer*, auant hyer.

Mañana. por la mañana, demain matin.

Tarde, tard : *por la tarde*, le soir, ou au soir.

Temprano, de bonne heure.

Agora, à cette heure.

Poco tiempo ha, il n'y a pas long-temps.

Poco, n'agueres : *despues*, depuis.

Alguna vez, quelquefois.

Amenudo, souuent.

En algun tiempo, autrefois, iadis.

Muchos dias ha, il y a plusieurs iours.

Muchas vezes, plusieurs fois.

Mucho ha, il y a long-temps.

Quando, quand : *entonces,* alors.

En aquella saison, en ce temps-là.

Al presente, pour le present & pour lors.

Entre tanto, en este comedio, en ces entrefaites, cependant.

Hasta que, iusqu'à ce que.

Mientras, pendant qne.

Por adelante, cy-apres.

De aqui adelante, d'icy en auant.

En lo venidero, à l'aduenir.

Desde entonces, dés lors.

Desde agora, dés à present.

Nuncas iamas, iamais.

Aun, encore.

Contino, continuellement.

De contino, d'ordinaire, tousiours.

Luego encontinente, incontinent.

A la hora, à l'heure : *ya,* desia.

Iamas, iamais : *sempre,* tousiours.

Dende agora, dés à present.

Dende entonces, dés lors.

Hasta quando, iusques à quand.

Hasta tanto, iusques à tant.

Desde que, dés que.

De ay adelante, de là en auant.

Despues aca, depuis en ça.

De tres años a esta parte, depuis trois ans en ça.

A deshora, à l'improuiste.

De aqui à vn rato, d'icy à vn peu.

Cada dia, chaque iour.
Cado hora, cada rato, à toute heure, à tout coup.
Cada momento, à tout moment.
Quando quiera, à quelque heure que ce soit.
Ante, ou *antes,* deuant.
Deuantes, auparauant.

Du Lieu.

La pluſpart des Aduerbes du Lieu ſont auſſi des propoſitions ; c'eſt pourquoy nous nous contenterons d'en mettre ſeulement quelques-vns, le reſte ſe trouuant au Chapitre 7.

A qui, icy : *ay, alli,* là,
Por a qui, par icy : *por ay, por alli,* par là.
Aca, deçà : *alla,* là : *aculla,* là, par là.
De aca, de deçà : *de alla, de aculla,* de par de là.
Por aca, par deçà : *por alla, por aculla,* par delà.
A dentro, au dedans : *a fuera,* au dehors.
Do, ado, donde, adonde, où.
De do, de donde, d'où.
Por donde, par où.
Ay abaxo, aculla abaxo, là bas.
Arriba, de ſuſo, en haut : *de yuſo, abaxo,* en bas.
Atras, en arriere.
Do quiera, ado quiera, donde quiera, en quelque lieu que.
De otra parte, d'autre part,

Por otra parte, d'autre costé.
En otra parte, autre part.
A otra parte, en autre lieu.

De Qualité.

Abundantemente, & *abundeſamente*, abon-
damment, à foiſon.
Atreuidamente, audacieuſement.
Adrede, expres, expreſſément.
A ſabiendas, à eſcient, ſciemment.
Bien buenamente, bien bonnement.
Demaſiadamente, exceſſiuement.
Delicadamente, delicatement.
Dichoſamente, heureuſement.
Dificilmente, difficilement.
Dulcemente, doucement.
Donoſamente, plaiſamment.
Elegantemente, elegamment.
Fuertemente, courageuſement.
Facilmente, facilement.
Gentilmente, gentiment.
Hermoſamente, ioliment.
Liberalmente, liberalement.
Ligeramente, legerement.
Lindemente, ioliment.
Locamente, follement.
Mal, malamente, mal, mauuaiſement.
Oſadamente, hardiment.

Prudentemente,

Prudentemente, prudemment.
Pulidamente, nettement.
Sabiamente, fagement.

Il y en a plufieurs autres qui fe peuuent remarquer par la lecture, lefquels fe forment
des pofitifs, en y adjouftant *mente,* comme
de *facile* on fait *facilmente,* auquel on ioint
fouuent cet autre aduerbe, *muy,* tres-fort,
comme *muy facilmente,* tres-fort, facilement,

De Quantité.

Mucho, beaucoup : *poco,* peu.
Muy mucho, tres-bien.
Muy poco, tres-peu, fort peu.
Vn poco, vn peu : *poquito,* bien peu.
Muy poquito, fort peu, tres-peu.
Affaz, harto, affez, fuffifamment.
Harto poco, affez peu.
Demafiado, trop, par excez, exceffiuement.
De mas defto, outre, ce, dauantage.
Al pie de ciento, bien cent, enuiron cent.
Mucho mas, beaucoup plus.
Poco mas, vn peu plus.
Tanto quanto, & tanquan, autant.
A montones, à monceaux, à tas.

Il faut remarquer, que ces aduerbes *tanto,*
quanto, font ioints toufiours au verbe & aux
noms fubftantifs; mais *tan, & quan,* fe met-

tent deuant vn nom adiectif, ou deuant vn autre aduerbe, ce que vous pouuez facilement
remarquer par la lecture des bons Liures Espagnols.

De Nombre.

Vna vez, vne fois : *dos vezes*, deux fois : *de
vno à vno*, vn à vn : *de dos à dos*, de deux à deux :
tantos à tantos, autant d'vn costé que d'autre.

D'Ordre.

Primeramente, premierement.
Principalmente, principalement.
Quanto à lo primero, quant au premier.
Por adelante, en lo venidero, à l'aduenir.
De aqui adelante, doresnauant.
De ay, de alli adelante, de là en auant.
Despues desto, apres cecy.
Allende desto, outre cecy.
De mas desto, d'auantage, d'abondant.
De nueuo, derechef.
Otra vez, encore vne fois.
Alguna vez, quelquefois.
A vezes, par fois, de fois à autre.
Al fin, finalmente, à la fin, finalement.
Particularmente, particulierement.
Despues aca, depuis en çà.
Desque, dés que.

Al cano, al fin, enfin, à la fin.
De ay, de là.
Entre tan, cependant.
A la poſtre, à la fin.
De tras, derriere, apres.
Iten, item, apres.

De Negation.

No, ni, non, ny : *ni aun*, ny meſmes.
Aun no, non encore : *no aun*, pas encore.
Menos, moins : *tam poco*, auſſi peu.
Nada, rien : *no nada*, rien qui ſoit.
Iamas, nunca, iamais.
En niguna manera, nullement, en façon quel-
  conque.
No ſolamente, non ſeulement.

Remarquez qu'en exprimant *menos*, en
François il y faut, adjouſter, la diction, *encore*,
comme *tienes dineros ? no ? y veſtidos ? menos ?*
as-tu de l'argent ? non ? & des habits ? encore
moins.

D'Affirmation.

Si, oüy : *ſi por cierto*, oüy pour certain : *ſi de
verdad*, oüy en verité : *ſi cierto*, oüy certainement.
Tambien, auſſi.
Por verdad, veritablement.

Porque no? pourquoy non?

Ciertamente, certainement.

Assi es, aussi est-ce, il est ainsi.

Es verdad, il est vray,

Conuiene à saber, c'est à sçauoir.

Otrosi, semblablement, aussi.

A osadas, hardiment, certainement.

De veras, de vray, à bon escient, certainement.

D'Exortation.

Ea vaya, là doncques, aille doncques, soit.

Ea pues, & la doncques.

Ora pues, or doncques.

Sus, sus : *ora sus,* or sus, sus donques.

Acaba ya, dépesche, laisse cela.

Acabemos ya, dépeschons, faisons fin.

De Demonstration.

He aqui, veys aqui, voicy.

Vos alli, voila.

He lo aqui, le yoicy.

He le alli, le voila.

Cataldo aqui, voyez-le icy.

Cataldo ay, voyez-le là.

De Doute.

Quiça, peut-estre.
A caso, par accident.
Por ventura, par auanture.
Puede ser, peut-estre.

D'Interrogation.

Paraque? pourquoy, à quelle fin.
Porque? porque razon? pourquoy?
Como? comment? *porque no?* pourquoy non?
Que? quoy? *aque no?* que non? non da?
A que proposito? à quel propos?

D'Accouplement.

A la par, costé à costé.
A las parejas, pair à pair, de pair, à l'égal.
De compañia, de compagnie.
Entrambos, ambos, tous deux ensemble.
Harmanablemente, fraternellement.
Iuntamente, ensemble, quand & quand.
Iuntos, en vno, ensemble.
L'aduerbe *iunctos*, admet le feminin *iuntas*,
de mesme que *entrambos entrambas*, & *ambos*,
ambas.

De Separation, & d'Exception.

A parte, à part, à l'écart.
A vn cabo, *à vn lado*, à vn costé.
De tras à tras, en derriere, derriere.
A partadamente, feparément.
A efcondidas, en cachettes.
A vna parte, d'vn costé.
Por vna parte, d'vne part.
A hurto, *à hurtadas*, *à hurtadillas*, à la déro-
    bée.
Solamente, *folo*, feulement.
De autra manera, d'autre maniere, autre-
    ment.
Fuera, *excepto*, hormis, excepté.
No embargante, *non obftante*, nonobftant.
Sino, finon, mais.
A efcuras, à aueuglettes, fans voir goute.

D'Augmentation, & de Diminution.

Mas, plus : *menos*, moins.
Mucho, beaucoup, *muy*, fort.
Muy doctamente, fort doctement.
Bonifsimamente, tres-bien.
Fortifsimamente, tres-vaillamment.

De Comparaison, & de Similitude.

Como, comme : *ansi como*, ainsi comme.
Semejantemente, semblablement.
De la manera que, de la maniere que.
Desta manera, en cette sorte.
De aquella manera, de cette façon.
Ansi, ainsi : *casi*, *quasi*, presque.

D'Election.

Antes, *mas*, *sino*, mais plustost.
Primero que, deuant que, plustost que.
Mejor, mieux.
Mas ayna, plustost.

De Precipitation.

Luego subito, incontinent, soudain.
En vn momento, en vn moment.
A priessa presto, en haste, vistement.
Pressurosamente, hastiuement.
A gran priessa, a grand haste.
Atrebatadamente, soudainement, rapidement.
En vn cerrar de ojos, en vn clin d'œil.

De Voccation.

O là, olà, ola, ho.
O como se llama, ho la chose.
Ha Señor, hola Monsieur.

Aduerbes Irreguliers.

De çamino, de paſſada, en paſſant.
Al traues, de traues, au trauers, de trauers.
De reues, à rebours, à l'enuers, au contraire.
A reculas, à reculons.
A gatas, rampant ſur le ventre, à quatre pattes.
A tuerto, à tor.
De bruces, la bouche en bas.
De colodrillo, à la renuerſe la bouche en haut.
Embalde, en vain, ſans profit.
De balde, barato, gratuitement.

CHAPITRE VII.

Des Prepoſitions.

LA Prepoſition eſt vne diction, qui ſe met touſiours deuant le nom ſubſtantif, dont les vnes le veulent au Genitif, les autres au

Datif, & les autres à l'Accusatif.

Genitif.

Antes, deuant, auparauant.
Despues,
Empos, } apres.

Cerca, pres, proche, enuiron.
Acerca, aupres, touchant.
Fuera, outre, hors.
Encima, au haut, au deſſus.
Delante, deuant, en preſence.
En frente,
De frente } vis à vis.
Frontero,,
Derecho, droit, vis à vis.
Lexos, loing.
Detras, derriere, apres.
Obra, coſa, enuiron.
Riberas, le long d'vne riuiere.
Demas,,
Allende } autre.
Alderedor,
Enderedor, } au tour, à l'entour.
Entorno,
A trueque, en eſchange, à l'appetit.
A eſcondidas, en arriere.
A hurto, au déceu.
A rays, au pied, le long.

La bueta, du costé.
En lugar, en vrez, au lieu.
Abàxo, en ayuso, apres passé.
A esta parte, depuis en ça.
Ces deux derniers se mettent apres le nom,
comme *de dios, abaxo,* apres Dieu : *de dos años
à esta parte,* depuis deux ans en ça.

Datif.

Iunto, aupres, proche.
Quanto, en quanto, quant.
Merced, Dieu mercy.
Dende, de alli, dela.
Enterno, au tour.

Accusatif.

Ante, deuant, en presence.
Contra, contre.
Desde, dés, depuis.
Hasta, iusques.
Hazia, vers.
Sin, sans.
Sobre, sur.
En, en, dans.
Entre, entre, parmy.
Cabe, aupres.
Con, auec, enuers, contre ; duquel se fait

Conmigo, contigo, consigo.
Para con, enuers.
No oſtante, nonobſtant.
Aquende, deçà, au deçà.
Allende, delà, au delà.
Saluo, ſauf.
Excepto, excepte.
Segun, ſelon, ſelon que.
Tras, derriere, apres.
Por, par, pour.
Para, pour, afin de.

CHAPITRE VIII.

Des Conjonctions.

LEs Eſpagnols auſſi bien que les François & les Italiens, ont diuerſes ſortes de Conjonctions, leſquelles nous décrirons par ordre

D'Accouplement.

Aun, encore : *y aun,* & encore.
Tambien, auſſi : *y tambien,* & auſſi.
Remarquez que les Eſpagnols changent ſouuent *y* en *e,* deuant les dictions qui commencent par *y* comme *Frances e Italiano,* François & Italien.

I ij

De Distinction.

Ny, ny : *o*, ou.
Ny al vno, ny el otro, ny l'vn ny l'autre.
O esto, o esotro, ou cecy ou cela.

De cause & de condition.

Si, si : *aunque*, encore que, bien que.
Dadoque, iaçoit que.
Puesto caso que, posé le cas que.
Puesto caso, posé que.
Puesque, puis que : *paraque*, afin que.
Como si, comme si.
Porque, car, pource.
Mas, mais : *mas si*, mais si.
Pero, mais : *antes*, ains.
Sique ou *seque*, on sçait bien que.
Despues que, puis que : *y a que*, veu que.
Por loqual, parquoy : *Porende*, partant.
Por laqual cosa, pour laquelle chose.
Con talque, pourueu que.
Empero, toutesfois.
Todauia, toutesfois, neantmoins.
A lo menos, au moins.
Si quiera, à tout le moins.
Con condition que, à condition, à charge que.

De Contrarieté & d'Exception.

Aunque, combien que.
Dado que, puesto que, puesto caso que, posé que,
 posé le cas que.
Mas,
Pero, } mais : *antes,* plustost.

De Conclusion.

Ansi que, tellement que.
Por que, parce que.
Porque à la verdad, car à la verité.
Es à saber, à sçauoir.
Conuienne à saber, c'est à sçauoir, il faut sça-
 uoir.
Luego, pues, doncques.
Por esto, pour cela : *portanto,* pourtant.

CHAPITRE IX.

Des Interjections.

LEs Interjections sont des dictions qui de-
clarent les passions de l'ame, lesquelles
estant de diferentes especes, aussi se trouue-

t'il en Espagnol de diuerses sortes d'Interjections, que nous décrirons par ordre.

De Ioye.

o bueno! ô bon!
O que esto es galano! ô que cecy est galand.

De Douleur.

Ay, ou *hay,* helas : *ay de mi,* helas de moy.
Guay, helas : *guay de mi,* helas de moy.
O des dichado de mi, ha malheureux que ie suis,
    à moy miserable.
A margo de mi, dolent que ie suis.
Hax & ax, quand on se brusle, *ax me quema,*
    ah que ie me brusle.

D'Indignation & de Dédain.

Hox, & ox, oxe, fy, hors de là : *oxe à fuera,*
    fy, hors de là, ostez-moy cela.
Tate, fy, ostéz cela.

D'Admiration.

Tata, ô nous y voila, la, la.

De Priere.

Vala me Dios, Dieu me soit en ayde.
Dios me libre, Dieu me veüille déliurer.

CHAPITRE X.

De l'Accent.

IL n'est pas possible de donner des regles
tout à fait asseurées pour les accens qu'il
faut mettre sur les noms, pource que quelques-vns le reçoiuent sur la derniere sillabe,
d'autres sur la penultiéme, & d'autres sur
l'antepenultiéme; si bien que l'vsage doit apprendre ce secret, plustost que de pretendre en
auoir la connoissance par les regles de la
Grammaire. Ce que i'ay remarqué de plus
asseuré pour les noms terminez par vne de ces
consonantes, *D, L, N, R, S, X, Z,* est qu'ils
ont l'accent graue sur la derniere, comme en

D	Exceptez.
Lealtàld, loyauté.	*Huésped,* hoste.
Virtùd, vertu.	

L

Generàl, general.
Animàl, animal.

N

Capitàn, Capitaine.
Coraçòn, le cœur.

R

Oradòr, Orateur.
Pecadòr, pescheur.

S

Diòs, Dieu.
Iesùs, Iesùs.

X

Carcàx, vn carquois.
Relòx, horloge.

Arbol, arbre: *cònsul*, consul: *hábil*, habile: *débil*, debile: *fértil*, fertile: *frágil*, fragile: *môbil*, mobile.

Orden, ordre: *imágen*, image: *orígen*, origine.

Mártir, martir: *alcáçar*, citadelle: *abbéytar*, mareschal: *açúcar*, sucre: *acíbar*, aloës: *almîbar*, syrop.

Lûnes, lundy: *mârtes*, mardy: *miércoles*, mércredy: *iuéues*, ieudy: *viérnes*, vendredy.

Z

	suaréz, Sanchzéz, Ro=
Rapàz, rauisseur.	*drigez,* noms pro-
Capàz, capable.	pres.

Des Superlatifs.

Les superlatifs qui se terminent en *issimo,* ont l'accent aigu sur l'antepenultiéme, comme *bonissimo,* tres-bon : *malissimo,* tres-meschant.

Des Diminutifs.

Les diminutifs ont l'accent aigu sur la penultiéme, comme *bonico,* bonnelet : *asnillo,* asnelet.

Des Aduerbes.

Qui ont l'accent graue sur la derniere sillabe,
Aca, icy : *acullà, allà, allì,* là : *aùn,* encore
aunquè, bien que : *ay,* là : *ayer,* hyer : *aqui,*
icy : *al traues,* de trauers : *al reues,* au rebours.
Despuès, depuis : *de màs,* dauantage : *de tràs,*
derriere : *dadoquè,* encore que : *iamàs,* iamais :
Oy, aujourd'huy.
Pero, partant : *porquè,* pourquoy : *puès,* puis :
puesquè, puisque.
Qui ça, peut-estre : *tanbien,* aussi bien : *segùn,*

K

suiuant : *yà, deja.*

Aduerbes

Qui ont l'accent aigu sur la penultiéme.
Antes, pluſtoſt : *agátas,* à quatre pieds : *agatillas,* comme vn petit chat : *aloménos,* pour le moins : *arríba,* deſſus : *abáxo,* deſſous : *aóra,* preſentement : *aſabiendas,* tout de bon.
Debrúces, la face contre terre : *entónces,* alors.
Fuéra, hors : *léxos,* de loing : *luégo,* incontinent.
Miéntras, cependant : *pára,* pour.

Des Verbes.

Pour les accens des verbes les regles ſuiuantes ſont fort aſſeurées.

Indicatif.

Imparfait.

L'accent aigu ſe met ſur la penultiéme des trois perſonnes du ſingulier, & ſur la troiſiéme du plurier, comme

Amáua, amáuas, *amáua.* *amáuan.*

Comia, comias,   comía,
                       comian.

Parfait.

L'accent graue se met sur la premiere &
troisiéme personnes du singulier, comme

Amè,   amo,
Comì,   comìo.

Exceptez.

Andúue,   anduuo, de *andar*, aller.
Cúpe,   cupo,   de *caber*, contenir.
Díxe,   dixo,   de *dezir*, dire.
Estúue,   estuuo, de *estar*, estre.
Húue,   húuo,   de *hauer*, auoir.
Híze,   hizo,   de *hazer*, faire.
Púde,   púdo,   de *poder*, pouuoir.
Púse,   púso,   de *poner*, mettre.
Quíse,   quiso, de *querer*, vouloir.
Súpe,   súpo,   de *saber*, sçauoir.
Trúxe,   trúxo, de *traer*, apporter.
Túue,   túuo,   de *tener*, auoir.
Víne.   uino.   de *venir*, venir.

Futur.

L'accent graue se met sur la derniere des.

K ij

trois personnes du singulier, & sur la troisiéme du plurier, comme

Amarè, amaràs, *amarà,*
amaràn.

comerè, comeràs, *comerà,*
comeràn.

Imperatif.

L'accent graue se met sur la deuxiéme personne du plurier qui se termine tousiours en
d, que les Espagnols supriment quelquefois,
laissant pourtant tousiours l'accent sur la
voyelle, comme *amàd, coméd, subìd.*

Optatif & Conjonctif.

Imparfait, Plusque parfait & Futur.

L'accent aigu se met sur la penultiéme des
trois personnes du singulier, & sur la troisiéme
du plurier, comme

Imparfait
{ *amásse, amásses,* *amásse,*
amássen.

comiésse, comiésses, *comiésse,*
comiéssen. }

Plusque
par fait.
amára, amáras,
amára,
amáran.
comiéra, comiéras,
comiéra,
comiéran.

Futur
amáre, amáres,
amáre,
amáren,
comiére, comiéres,
comiére,
comiéren.

Remarquez que pource que la premiere &
la deuxiéme personne du plurier des susdits
temps s'augmentent d'vne sillabe, l'accent
aigu demeure tousiours sur la mesme voyelle,
& se trouue par consequent sur l'antepenultiéme des deux susdites personnes du plurier.
Le mesme se fait à l'imparfait de l'indicatif,
comme

Amáuamos, amáuades,
Amássemos, amássedes,
Amáramos, amárades,
Amáremos, amárades.

Cette deuxiéme personne du plurier, s'a-
brege souuent par syncope, car pour amárades, on dit amárdes, mais l'accent demeure
tousiours sur la mesme voyelle.

Infinitif.

L'accent graue se met tousiours sur la derniere, comme
Amar, comèr, subìr.

Formation des Temps des Verbes reguliers.

Indicatif.

Le present de l'indicatif se forme de l'infinitif, en changeant la derniere voyelle en *o*, comme d'*amar*, se fait *amo*, de *comer*, *como*, de *subir*, *subo*.

L'imparfait se fait du present, en changeant *o* en *aua*, pour la premiere conjugaison, & en *ia* pour la deuxiéme & troisiéme, comme d'*amo*, se fait *amaua*, de *como*, *comia*, *subo*, *subia*.

Le Futur est formé de l'infinitif, en y adjoustant *e*, comme d'*amar*, se fait *amàre*, de *comer*, *comere*, de *subir*, *subire*.

Imperatif.

Ce mode se forme de la troisiéme personne du singulier, du present de l'indicatif, sans

rien changer ny diminuer, comme *ama, ame,*
& *come, coma,* & *sube, suba, &c.*

On se sert dans ce mode de la negation *no*
pour defendre quelque chose auec la troisiéme personne du singulier, en y adjoustant *s*
pour le singulier & *ys* pour le plurier, comme
*no ames, no amays, no comas, no comays, no sub as,
no subays.*

Optatif & Conjonctif.

Le present du conjonctif, se forme de la
troisiéme personne du singulier de l'imperatif, sans rien changer ny adjouster, comme
ame, es, e, coma, as, a, suba, as, a.

L'imparfait se forme du mesme temps de
l'indicatif, en changeant la derniere voyelle
en *sse,* pour la premiere conjugaison, & en *esse*
pour la deuxiéme, & pour la troisiéme, comme d'*amaua,* se fait *amasse,* de *comia, comiesse,*
de *subia, subiesse,*

Le temps indefiny se forme du futur de l'indicatif, en changeant *e* en *ia,* comme d'*amare,* se fait *amaria,* de *comere,* se fait *comeria,* de
subiere, se fait *subiria.*

Le plusque parfait se forme de l'imparfait
de ce mesme mode, en changeant *sse* en *ra,*
comme d'*amasse,* se fait *amara,* de *comiesse, comiera,* de *subiesse, subiera.*

Le futur ſe fait du pluſque parfait de ce meſme mode, en changeant *a* en *e*, comme d'*amara*, vient *amare*, de *comiera*, *comiere*, de *ſubiera*, *ſubiere*.

Participe preſent.

Le participe preſent ſe forme du gerondif en changeant *do* en *te*, comme d'*amando*, ſe fait *amante*, de *comiendo*, *comiente*, de *ſubiendo*, *ſubiente*.

Participe paſſé.

Le participe paſſé ſe forme auſſi du gerondif, en retranchant *an*, qui eſt deuant *do*, pour la premiere conjugaiſon, & *en* pour la deuxiéme & troiſiéme, comme d'*amando*, ſe fait *amado*, de *comiendo*, *comido*, de *ſubiendo*, *ſubido*.

Liſez ce traitté de la formation des temps des verbes reguliers, apres les trois conjugaiſons.

Exemples des Verbes irreguliers des trois Conjugaisons, où les temps qui sont irreguliers, ou bien dans lesquels il y a quelque irregularité, sont seulement marquez.

Irregularitez de la premiere Conjugaison.

La premiere irregularité est des verbes qui interposent *i* deuant *e* penultiéme de l'infinitif en quelques personnes du 1. 5. & 6. temps que vous pouuez voir dans la premiere irregularité, & remarquer par l'exemple qui suit.

Pensar, penser.

1. Indicatif present.

Pienso, piensas, piensa, Pensamos, pensays, piensan. } ie pense, &c.

3. Imperatif.

Piensa, piense, pense, &c.
Pensemos, pensad, piensen, pensons, &c.

Optatif & Conjonctif.

6. Present.

Piense, pienses, piense,
Pensemos, penseys, piensen. } *ie pense.*

Deuxiéme Irregularité.

La deuxiéme irregularité est des verbes qui changent *o* penultiéme de l'infinitif en *ue*, aux mesmes temps que ceux de la premiere irregularité, comme

Contar, conter.

1. Indicatif present.

Cuento, cuentas, cuenta,
Contamos, contays, cuentan, } *ie conte, &c*

5. Imperatif.

Cuenta, cuente, conte, &c.
Contamos, contad, cuenten, contons, &c.

Optatif & Conjonctif.

6. Present.

Cuente, cuentes, cuente,
Contemos, conteys, cuenten, } ie conte, &c.

Irregularitez de la deuxiéme Coniugaison.

La premiere irregularité est des verbes qui interposent *i* deuant *e* penultiéme de l'iufinitif à quelques personnes des 1. 5. & 6. temps, comme aux irreguliers de la premiere conjugaison, exemple.

Entender, entendre.

1. Indicatif present.

Entiendo, entiendes, entiende,
Entendemos, entendeys, entienden, } i'entéds, &c.

5. Imperatif.

Entiende, entienda, entends, &c.
Entendamos, entended, entiendan, entendons, &c.

Optatif & Conionctif.

6. Present.

Entienda, entiendas, entienda,   } i'entĕds, &c
Entendamos, entendays, entiendan, }

Deuxiéme Irregularité.

La deuxiéme irregularité est des verbes qui changent *o* penultiéme de l'infinitif en *ue* aux 1. 5. & 6. temps, comme aux irreguliers de la premiere conjugaison, exemple.

Abſoluer, abſoudre.

1. Indicatif preſent.

Abſueluo, abſuelues, abſuelue.   } i'abſous, &c
Abſoluemos, abſolueys, abſueluen. }

5. Imperatif.

Abſuelue, abſuelua, abſous, &c.
Abſoluamos, abſolued, abſueluan, abſoluons, &c

Optatif & Conionctif.

6. Present.

Absuelua, abs:ueluas, absuelua,
Absoluamos, absoluays, absueluan, } i'absous, &c

Troisiéme Irregularité.

La troisiéme irregularité est des verbes qui changent *g* de *ger* & de *gir*, en *i*, deuant *o* & *a*, dans quelques personnes du 1. 5. & 6. temps, comme vous pouuez remarquer de l'exemple suiuant.

Escoger, choisir.

1. Indicatif present.

Escojo, escoges, escoge,
Escogemos, escogeys, escogen, } ie choisis, &c.

5. Imperatif.

Escoge, escoja, choisis, &c.
Escojamos, escoged, escojan, choisissons, &c.

Optatif & Conionctif.

6. Present.

Escoja, escojas, escoja,
Escójamos, escojays, escojan, } ie choisis, &c.
Fingir, feindre, suit la mesme irregularité.

Quatriéme Irregularité.

La quatriéme irregularité est des verbes qui interposent *z* ou *s* deuant *co* & *ca*, aux mesmes temps que cy-dessus dans la troisiéme irregularité, exemple.

Merecer, meriter.

1. Indicatif present.

Meresco, mereces, merece,
Merecemos, mereceys, merecẽ, } ie merite, &c.

5. Imperatif.

Merece, meresca, merite, &c.
Merescamos, mereced, merescan, meritons, &c.

Optatif & Conionctif.

6. Present.

Meresca, merescas, meresca,
Merescamos, merescays, merescan, } ie merite, &c.

Irregularitez de la Troisiéme Coniugáison.

La premiere irregularité est des verbes, qui non seulemeut interposent *i* deuant *e*, penul-tiéme de l'infinitif, comme cy-dessus à la pre-miere irregularité des premiere & deuxiémes conjugaisons, mais encore qui changent le susdit *e* en *i*, auz temps que vous pouuez voir dans la premiere irregularité de la troisiéme conjugaison, & dans le suiuant exemple.

Consentir, consentir.

1. Indicatif present.

Consiento. consientes, consiente,
Consentimos, consenteys, consienten, } ie consen-tis, &c.

3. Parfait.

Consenti, consentiste, consintiò, } ie côsen-
Consentimos, consentistes, consintieron, } tis, &c.

5. Imperatif.

Consiente, consienta, consens, &c.
Consintimos, consentid, consientan, côsentôs, &c.

Optatif & Conionctif.

6. Present.

Consienta, consientas, consienta, } ie choisis,
Consintimos, consintiays, consientan, } &c.

7. Imparfait.

Consintiesse, consintiesses, consintiesse, } ie con-
Côsintiessemos, côsintiessedes, côsintiessen, } sentisse.

9. Plusque parfait.

Consintiera, consintieras, consintiera, } i'eusse
Côsintieramos, côsintierades, côsintieran, } consenty, &c.

10. Futur.

Conſintiere, conſintieres, conſintiere, ⎫ ie con-
Cõſintieremos, cõſintieredes, cõſintieren, ⎭ ſetiray.

11. Gerondif.

Conſintiendo, en conſentant.

12. Participe preſent.

Conſintiente, conſentant.

13 Participe paſſé.

Conſintido, conſenty.

Deuxiéme Irregularité.

La deuxiéme irregularité eſt des verbes qui
non ſeulement changent *o* penultiéme de l'infinitif en *ue*, comme à la deuxiéme irregularité
de la premiere conjugaiſon ; mais qui de plus
changent le ſſiſdit *o* en *u*, aux meſmes temps
cy-deſſus mentionnez dans la premiere irregularité de la troiſiéme conjugaiſon, & que
vous pouuez remarquer dans le ſuiuant exemple.

M

Dormir, dormir.

1. Indicatif present.

Duermo, duermes, duerme,
Dormimos, dormeys, duermen, } ie dors, &c.

3. Parfait.

Dormì, dormiste, durmiò,
Dormimos, dormistes, durmieron, } ie dormis, &c

5. Imparfait.

Duerme, duerma, dors, &c.
Durmamos, dormed, duerman, dormons, &c.

Optatif & Conjonctif.

6. Present.

Duerma, duermas, duerma,
Durmamos, durmays, duerman, } ie dors, &c.

7. Imparfait.

Durmiesse, durmiesses, durmiesse,
Durmiessemos, durmiessedes, durmiessen, } ie dor-misse.

9. Plusque parfait.

Durmiera, durmieras, durmiera,
Durmieramos, durmierades, durmieran, } i'eusse dormi

10. Futur.

Durmiére, durmieres, durmiere,
Durmieremos durmieredes, durmieren, } ie dormiray.

11. Gerondif.

Durmiendo, en dormant.

12. Participe present.

Durmiente, dormant.

13. Participe passé.

Durmido, endormy.

Troisiéme Irregularité.

La troisiéme irregularité est des verbes qui changent e penultiéme de l'infinitif en *i*, non seulement és mesmes temps que ceux de la premiere & deuxiéme irregularité de la pre-

fente coniugaifon, mais encore en ceux que
vous pouuez remarquer dans l'exemple fui-
uant, que vous trouuerez fpecifiezdans la troifiéme irregularité de la prefente coniugaifon.

Corregir, corriger.
1. Indicatif prefent.

Corrigo, corriges, corrige,
Corregimos, corregeys, corrigen, } ie corrige, &c.

3. Parfait.

Corregì, corregifte, corrigio,
Corregimos, corregiftes, corrigieron, } ie corrigeay.

5. Imparfait.

Corrige, corriga, corrige, &c.
Corrigamos, corriged, corrigan, corrigeons, &c.

Optatif & Conionctif.

6. Prefent.

Corriga, corrigas, corriga,
Corrigamos, corrigays, corrigan, } ie corrige, &c.

7. Imparfait.

Corrigieſſe, corrigieſſes, corrigieſſe, } ie cor-
Corrigieſſemos, corrigieſſedes, corrigieſſen, } rigeaſſe

9. Plusque parfait.

Corrigiera, corrigieras, corrigiera, } i'euſſe
Corrigieramos, corrigierades, corrigieran, } corrigé

10. Futur.

Corrigiere, corrigieres, corrigiere, } ie cor-
Corrigieremos, corrigieredes, corrigieren, } rigeray

11. Gerondif.

Corrigiendo, en corrigeant.

12. Participe preſent.

Corrigiente, corrigeant.

13. Participe paſſé.

Corrigido, corrigé.

Quatriéme Irregularité.

La quatriéme irregularité eſt des verbes qui reiettent *e* deuant *yr*, de l'infinitif aux temps & aux perſonnes ſuiuantes que vous pouuez voir à la quatriéme irregularité de la troiſiéme coniugaiſon.

Freyr, frire.

1. Indicatif preſent.

Frio, fries, frie,
Freymos, freys, frien, } ie fris, &c.

5. Imperatif.

Frie, fria, fris, &c.
Freyamos, freyd, frian, frions.

Optatif & Conionctif.

6. Preſent.

Fria, frias, fria,
Freyamos, freiays, frian. } ie fris, &c.

Cinquiéme Irregularité.

La cinquiéme irregularité eſt des verbes qui interpoſent *g* aprés *z* deuant *o* & *a*, & qui ont *zir* à l'infinitif, aux temps & perſonnes marquées à la cinquiéme irregularité de la troiſiéme coniugaiſon, que vous pouuez remarquer dans l'exemple ſuiuant.

Luzir, luire.

1. Indicatif preſent.

Luſgo, luzes, luze,
Luzimos, luzeys, luzen, } ie luis, &c.

5. Imperatif.

Luze, luſga, luis, &c.
Luſgamos, luſed, luſgan, luiſons, &c.

Optatif & Conionctif.

6. Preſent.

Luſga, luſgas, luſga,
Luſgamos, luſgays, luſgan, } ie luis, &c.

Outre la ſuſdite irregularité ils font au parfait de l'indicatif *xe,* comme.

3. Parfait.

Luxe, luxiſte, luxo,
Luximos, luxiſtes, luxeron, } ie luis, &c.

Remarquez que les temps qui ſouffrent de
l'irregularité ou de l'anomalie dans la Langue
Eſpagnole, ſont les ſuiuans.

Le premier aux trois perſonnes du ſingulier,
& à la troiſiéme du plurier.

Le 3. à la troiſiéme du ſingulier, & à la
troiſiéme du plurier, & parfois à toutes les
perſonnes tant du ſingulier, que du plurier,
comme en la troiſiéme irregularité de la troiſiéme coniugaiſon.

Le 5. à la deuxiéme & troiſiéme du ſingulier, & à la premiere & troiſiéme du plurier.

Le 6. aux trois perſonnes du ſingulier & à la
troiſiéme du plurier, comme au premier
temps, & parfois en toutes les perſonnes tant
du ſingulier que du plurier, comme en la cinquiéme irregularité de la troiſiéme coniugaiſon.

Le 7. 9. & 10. en toutes les perſonnes tant
du ſingulier que du plurier.

Le 11. 12. & 13 comme il ſe peut remarquer
des exemples precedens.

Subordination des Irregularitez, pour les trois Conjugaisons.

Les trois personnes du singulier, & la troisiéme du plurier, tant du premier que du sixiéme temps : Les deux personnes du singulier & la troisiéme du plurier du cinquiéme temps ; pour la premiere & deuxiéme irregularité de la premiere & deuxiéme conjugaison.

La premiere personne du premier temps : La troisiéme du singulier : La premiere & 3. du plurier du cinquiéme temps : Les trois personnes tant du singulier que du plurier du sixiéme temps ; pour la troisiéme & quatriéme irregularité de la deuxiéme conjugaison.

La troisiéme personne tant du singulier que du plurier du troisiéme temps : La premiere du plurier du cinquiéme temps : La premiere & deuxiéme du plurier du sixiéme temps : Les personnes tant du singulier que du plurier des septiéme, neufiéme & dixiéme temps : Les vnziéme, douziéme & treisiéme temps ; pour la premiere, deuxiéme, troisiéme & quatriéme irregularité de la troisiéme conjugaison.

La premiere personne du premier temps : La troisiéme du singulier, & la premiere &

N

troisiéme du plurier du cinquiéme temps: Les trois personnes tant du singulier que du plurier du sixiéme temps ; pour la cinquiéme irregularité de la troisiéme conjugaison, qui admet *x* à toutes le personnes tant du singulier que du plurier du troisiéme temps.

Des nombres absolus ou cardinaux.

Vno, vna, vn, vne.
Dos, deux.
Tres, trois.
Quatro, quatre.
Cinco, cinq.
Seys, six.
Siete, sept.
Ocho, huit.
Nueue, neuf.
Dies, dix.
Vnze, onze.
Doze, douze.
Treze, treize.
Catorze, quatorze.
Quinze, quinze.
Dezyseis, ou *dies seys,* seize.
Diez y siete, dix-sept.
Diez y ocho, dix-huit.
Diez y noue, dix-neuf.
Veinte, vingt.

Veinte y vno, vingt & vn,
Veynte y dos, vingt & deux.
Treynta, trente.
Quarenta, quarante.
Cinquenta, cinquante.
Sesenta, soixante.
Setenta, septante.
Ochenta, huitante.
Nouenta, nonante.
Ciento, cent.
Ciento y vno, cent vn.
Ciento y dos, cent deux.
Ciento y diez, cent dix.
Ciento y veinte, six-vingt.
Dozientos, deux cens.
Tresientos, trois cens.
Quatrocientos, quatre cens.
Quinientos, cinq cens.
Seys cientos, six cens.
Siete cientos, sept cens.
Ochociento, huit cens.
Noue cientos, neuf cens.
Mil, mille.
Dos mil, deux mille.
Tres mil, trois mille.
Cien mil, cens mille.
Docientos mil, deux cens mille.
Quinientos mil, cinq cens mille.
Vn milion, ou millon, & vn cuento

Dos miliones, deux milions,

Remarques sur les nombres absolus.

I.

Vno, admet le plurier *vnos*, qui vaut autant que *algunos*, aucuns, quelques-vns, des: comme *auia vnos hombres*, il y auoit des hommes : De mesme *vna*, fait *vnas*, qui vaut autant que *algunas*, aucunes, quelques-vnes, des : comme *auia vnas donzellas*, il y auoit des filles.

II.

Ces nombres *dozientos*, *trezientos*, & iusques à *nouicientos*, inclusiuement, prennent le genre feminin deuant vn nom dudit genre, comme *dozientas damas*, deux cens femmes: *trezientas donzellas*, trois cent filles.

III.

Ciento, deuant vn nom perd sa derniere sillabe, car on dit *cien hombres*, & non pas *ciento hombres*, cent hommes : On dit bien *vn ciento de ducados*, à cause qu'il est precedé par ce nombre *vn*, & qu'ensuite il a l'article indefiny *de*.

IV.

Les Espagnols se seruent diuersement de ces deux nombres *milion & cuento*, qui signifient la mesme chose en François, pource que le premier se dit des escus & ducats, comme *vn milion de ducados*, & *cuento*, se dit des *marauedis*, comme *el tienne tantos cuentos de renta*, il faut entendre que ce sont autant de *marauedis* de rente, qui sont des doubles en France.

Des nombres d'ordre.

Prime, primero, premiere.
Segundo, deuxiéme.
Tercio, tercero, troisiéme.
Quarto, quatriéme.
Quinto, cinquiéme.
Sexto, sixiéme.
Setimo, seteno, septiéme.
Octauo, ochauo, huitiéme.
Nono, noueno, neufiéme.
Decimo. dezeno, dixiéme.
Vndecimo, onzeno, vnziéme.
Duodecimo dozeno, douziéme.
Terciodecimo, trezeno, treiziéme.
Quartodecimo, catorzeno, quatorziéme.

Quinto decimo, quinzeno, quinziéme.
Decimo sexto, seiziéme.
Decemo setimo, dix-septiéme,
Decimo octauo, dix-huitiéme.
Decimo nono, dix-neufiéme.
Veyntesimo, veynteno, vingtiéme.
Treyntesimo, treynteno, trentiéme.
Quarantesimo, quarenteno, quatantiéme.
Centesimo, centeno, centiéme.
Milesimo, milliéme.
Postrero, ultimo, cabero, dernier.

FIN.

Pages.	Fautes.	Correction.
Page 2.	zé ou cé,	zè ou çè.
22.	seddas,	sendas,
	cadauno,	cada uno.
27.	tangen,	tengan.
28.	bue	que.
30.	siendo,	siendo.
40.	dessolar,	dessollar.
46.	à la troisiéme du plurier.	à la troisiéme du singulier & du plurier.
47.	i'eusse caussenti	i'eusse consenty.
49.	à la premiere & deuxiéme du singulier.	à la deuxiéme & troisiéme du singulier.
	correger,	corregir,
51.	luchistes,	luxistes.
52.	venaga,	venga.
55.	por dondc,	por donde.
57.	tres-fort,	tres, fort.
65.	autre.	outre.
66.	la bueta,	la buelta.
	en verz,	en vez.
	enterno,	entorno.
68.	ny al uno,	ny el uno.
	y a que,	ya que.
70.	ax me quemo,	ax me quemo.
77.	amarades,	amaredes.

IE fais ſuiure la Nouuelle Grammaire Eſpagnolle que ie vous donne, de douze Dialogues traduits d'Eſpagnol en François : Si la
traduction ne vous ſemble pas eſtre par tout
conceuë en des termes ny ſi beaux, ny ſi polis
qu'il ſe pourroit faire, c'eſt que l'intention
de l'Autheur a eſté de donner pluſtoſt vne
traduction qui facilitaſt les Commençans à
la connoiſſance de la Langue Eſpagnolle,
qu'vne qui donnaſt ſeulement du plaiſir.
Dans vne deuxiéme edition que i'eſpere de
vous donner, où l'Autheur ne ſe geſnera pas
au poinct qu'il a fait en celle-cy, vous verrez
qu'il ſçait parler François, & que ſon diſ-
cours ne démentira pas ſa Nation. Il doit
adiouſter à la marge les annotations qui ſe-
ront rapportantes à l'vſage & aux regles de la
Grammaire, que peut-eſtre il reduira en
Tables, à coſté deſquelles il mettra vne leçon
familiere, pour en donner l'intelligence:
Cependant ſeruez vous de ce premier Ou-
urage auec la reconnoiſſance qui luy eſt deuë,
& auec le profit que vous en pouuez tirer ; où
vous ne trouuerez rien de manque ny de ſu-
perflu.